MW00398572

ANA FRANK

ANA FRANK

BEATRIZ TABERNER SAN JUAN

ÍNDICE

INTRODUCCIÓN

En toda guerra siempre hay víctimas inocentes, personas que se ven envueltas en un sufrimiento tanto personal como colectivo que les ha llegado casi por sorpresa, sin previo aviso y sin tiempo para tratar de asimilar la magnitud de lo que se les viene encima; es la voz del pueblo, de miles de individuos anónimos que viven en sus propias carnes la barbarie de unos conflictos en los que nadie les ha pedido opinión pero que les han arrastrado con su estela violenta a la más terrible de las situaciones, donde la libertad no es más que un sueño imposible reservado a unos pocos que juegan a ser dioses.

Ana Frank podía haber sido una cifra más, una mera estadística, otro cuerpo apilado en una fosa común como tantos otros en la Segunda Guerra Mundial, pero el destino quiso que su nombre pasara a la Historia, que su individualidad sobrepasara el anonimato para que el mundo, a lo largo del tiempo, pudiera ser testigo de excepción de un dolor íntimo aunque extensible a millones de personas que vivieron unos acontecimientos, producto de unos locos ideales, que jamás debieron haber ocurrido.

Nuestra protagonista no tenía más de quince años cuando falleció en el campo de concentración de Bergen Belsen. Su relato personal de las devastadoras consecuencias del holocausto nazi ha trascendido a lo largo de los años hasta llegar a convertirse en un símbolo afianzado para gran parte del mundo; su biografía encarnaría, de este modo, el rechazo absoluto al racismo y a la intolerancia; pero, con todo, los hombres parecen no escarmentar nunca. El horror que produce la sangre siempre se olvida y los humanos nunca cesan de luchar por horizontes absurdos que irremediablemente acaban sembrando la tierra de vidas e ilusiones destrozadas.

Nuestra protagonista nos ha legado, gracias a la publicación de su diario, un testimonio tan humano que no ha conocido fronteras; el encanto de la subjetividad que subyace bajo cada palabra acaba por convertir al lector en cómplice y testigo de un relato que, aunque escrito en la clandestinidad, es un fuerte grito que repudia la opresión.

Leyendo el diario de Ana Frank que, sin pretenderlo, se ha convertido en una espontánea y sobrecogedora creación artística uno no puede dejar de preguntarse qué habría llegado a ser su autora en la vida, puesto que su precoz inteligencia y su afinada sensibilidad pronosticaban para ella un alentador futuro. Y es que su famoso diario es el documento más preciado que conservamos de esta muchacha, gracias al cual hemos logrado obtener una imagen profunda de su personalidad, de lo que pensó y sintió; de la evolución que, a lo largo de los dos años de encierro, fue experimentando esa niña con visibles toques de mujer.

Afortunadamente, la vida que apagaron los nazis nunca llegó a extinguirse del todo, pues revivirá en cada lector para el que Ana será eternamente esa chica con ansias de libertad; de ese modo su historia de reclusión, aunque sin albergar el desenlace dramático tantas veces augurado por la protagonista, será vivido por todos los lectores que lograrán, gracias a este relato, solidarizarse y compartir con Ana, así como con tantos otros miles de judíos, el enorme peso de la tragedia.

I. EL DIARIO

Ana Frank escribió su diario en el período de tiempo comprendido entre el 12 de junio de 1942 y el 1 de agosto de 1944. El 4 de agosto los alemanes irrumpieron en Prinsengracht número 267 de Ámsterdam y, tras un violento registro, descubrieron el estante que ocultaba la clandestina *Casa de atrás*. Como era de esperar, sus habitantes fueron detenidos y trasladados a Alemania; en ese instante todos los temores que permanecían ocultos en la cabeza de los ocho prófugos judíos cobraron vida al tiempo que la suya propia comenzó a extinguirse. El diario de Ana Frank quedaba interrumpido.

Het Achterhuis es el título que el diario de Ana mantiene en holandés, el cual traducido a nuestro idioma vendría a significar *la casa de atrás;* y es que *achter* se correspondería con la palabra *detrás* o *atrás,* mientras que *huis* sería el equivalente de *casa;* luego, este epígrafe emplearía la parte por el todo, puesto que el nombre del lugar donde vivieron es el rótulo escogido para englobar los dos años que los ochos judíos pasaron escondidos en la parte de atrás de una casa de Ámsterdam situada en Prinsengracht, uno de los canales de dicha ciudad. Aquella primera publicación del libro contó con 1.500 ejemplares y un prólogo de Annie Romein-Verschoor, al tiempo que se le incorporó en la solapa un pequeño fragmento de *La voz de una niña.*

En nuestra concepción actual de las viviendas, la existencia de una *casa de atrás* como ésta puede resultarnos bastante inquietante, pero si nos trasladamos al Ámsterdam de aquellos años descubrimos que tal disposición del espacio no resultaba tan extraña, ya que no pocas casas antiguas de la ciudad contaban igualmente con una *casa de atrás* que se comunicaba con el patio y que permanecía separada del resto de las dependencias principales que daban a la calle; por lo que tales viviendas contarían con dos partes totalmente

9

independientes, como si de dos casas se tratase, pero con la peculiaridad de estar ambas instaladas en el interior del mismo inmueble. Pero volvamos al famoso diario que tanto nos ha enseñado sobre su autora. Ana recibió este diario como regalo de su duodécimo cumpleaños, y, aunque no fue el único, sí fue uno de los que más le impresionaron puesto que en varias frases plasmadas al inicio de este testimonio puede leerse:

Lunes, 15 de junio de 1942.

¡Estoy tan contenta de tenerte! o esta otra perteneciente al 28 de septiembre de 1942:

¡Estoy tan contenta de haberte traído conmigo!, frase, esta última, que cobra una mayor significación al saber que Ana, a la hora de hacerse con lo indispensable para llevárselo a la *Casa de atrás,* lo primero que guardó fue su diario, tal y como ella misma comentaría en el fragmento que escribió el miércoles 8 de julio de 1942.

Desde el instante en que la niña observó por primera vez el diario, en el mismo lugar donde se efectuó su compra primero y en la mesa que contenía sus regalos de cumpleaños después, se estableció un estrecho vínculo entre ambos. La joven, incluso, dotará a este obsequio de vida propia, y, anticipando el importante papel que desempeñará en su vida, se apresurará a dejar constancia del momento concreto en el que ambos se encontraron e iniciaron un camino juntos:

El viernes 12 de junio, a las seis de la mañana ya me había despertado, lo que se entiende, ya que era mi cumpleaños. Pero a las seis todavía no me dejan levantarme, de modo que tuve que contener mi curiosidad hasta las siete menos cuarto. Entonces ya no pude más: me levanté y me fui al comedor, donde Moortje, el gato, me recibió haciéndome carantoñas.
Poco después de las siete fui a saludar a papá y a mamá y luego al salón, a desenvolver los regalos, lo primero que vi fuiste tú, y quizá hayas sido uno de mis regalos más bonitos.

Tal y como se ha comentado, la más pequeña de la familia Frank tratará este conjunto de hojas en blanco como a un fiel confidente, lo personificará, y como a todo mejor amigo le contará hechos, deseos y sentimientos acaecidos y experimentados mayoritariamente durante los dos años en que permaneció escondida. Este será su principal medio para desahogarse, actuará como una terapia, donde el papel, siempre paciente, será un perfecto receptor al que Ana expondrá todo aquello que pase por su mente sin tapujos y sin miedo a las recriminaciones:

12 de junio de 1942.
Espero poder confiártelo todo, como aún no lo he
podido hacer con nadie, y espero que seas para mí un
gran apoyo.

Los textos que contiene el diario están ordenados en forma de cartas que, según una de las teorías más extendidas, la niña simulaba escribir a varios receptores, los cuales eran los protagonistas de la obra de ficción titulada *Joop ter Heul;* una popular serie de cuatro volúmenes compuesta por Cissy van Marxveldt. En estos libros, el protagonista era Joop, y las historias giraban en torno a sus amigas y a su club y abarcaban un período de tiempo comprendido desde la escuela hasta la maternidad, hilvanando unas tramas que fascinaban a la juventud holandesa de aquella época. Ana solía fingir que se carteaba con esos personajes pero pronto se detuvo en uno, *Kitty* Francken, aunque esta hipótesis no está del todo probada, y, en consecuencia, pugna con otras tales como la elección de dicho nombre por la semejanza que éste tenía con el que se le daban a la niña o bien con la que presupone que *Kitty* era igualmente el nombre de una joven a la que Ana conoció y admiró durante su etapa escolar. Pese a todo, lo importante es que Ana eligió a un personaje de ficción llamado *Kitty* y lo convirtió en el destinatario ficticio de sus cartas aunque realmente la supuesta amiga era el propio diario.

Si nuestra protagonista llegó a tomar esta determinación fue porque creyó ver en estas hojas una manera fácil de ser escuchada libremente; *Kitty* sería su amiga del alma, la amiga que nunca tuvo, una fiel confidente que sabría escuchar sus intimidades incondi-

11

cionalmente, sin alarmarse y sin reprocharle nada, algo que esta muchacha nunca pudo llevar a cabo con otras chicas de su edad:

> (...) Al parecer no me falta nada, salvo la amiga del alma. Con las chicas que conozco lo único que puedo hacer es divertirme y pasarlo bien. Nunca hablamos de otras cosas que no sean las cotidianas, nunca llegamos a hablar de cosas íntimas. Y ahí está justamente el quid de la cuestión. Tal vez la falta de confidencialidad sea culpa mía, el asunto es que las cosas son como son y lamentablemente no se pueden cambiar. De ahí este diario.

Y verdaderamente Ana encontró en *Kitty* un gran apoyo, y ya en la *Casa de atrás* escribiría:

> (...) al final siempre vuelvo a mi diario: es mi punto de partida y mi destino, porque Kitty siempre tiene paciencia conmigo.

Como se puede imaginar, nuestra protagonista, en un primer momento, comenzó a escribir su diario sin ninguna otra intención que la de desahogarse y relatar los avatares de la vida cotidiana, las anécdotas y las angustias propias de una niña de doce años, y tan claro lo tenía que en torno a este aspecto comentó:

> (...) como no tengo intención de enseñarle nunca a nadie este cuaderno de tapas duras llamado pomposamente «diario», a no ser que alguna vez en mi vida tenga un amigo o una amiga que se convierta en el amigo o la amiga «del alma», lo más probable es que a nadie le interese.

Pero con el tiempo y movida por las circunstancias esta forma de pensar se iría transformando, iría adquiriendo otros matices y, así, la idea de que sus escritos permanecieran en el anonimato se vería definitivamente desechada un día de 1944 en el que la primavera respiraba en el exterior de su escondite. En torno a esta fecha, la adolescente escuchó a través de la radio un discurso del ministro de Educación holandés que, desde el exilio, animaba a todos aquellos

12

holandeses que hubieran realizado algún escrito durante el período de opresión alemana a que accedieran a su publicación con la intención de que el mundo entero fuera conocedor de sus sufrimientos:

Anoche, por Radio Orange, *el ministro Bolkestein dijo que después de la guerra se hará una recopilación de diarios y cartas relativos a la guerra. Por supuesto que todos se abalanzaron sobre mi diario. ¡Imagínate lo interesante que sería editar una novela sobre «la Casa de atrás»! El título haría pensar que se trata de una novela de detectives.*

Fue entonces cuando Ana comprendió la valía de su testimonio y decidió que, una vez terminada la guerra, publicaría un libro basado en su querido diario. Con este propósito, comenzó a realizar una paulatina labor de selección y reestructuración, donde los textos ya escritos comenzaron a ser reelaborados; muchos párrafos fueron pulidos y otros tantos suprimidos por su escaso interés, a lo que se añadieron otros pasajes o anécdotas rescatados de la memoria de la joven con el fin de que su obra adquiriera una mayor fuerza constructiva así como un interesante y sustancioso contenido. Pero Ana, pese a centrarse en estos aspectos, no dejó nunca de avanzar en la escritura de su diario; periódicamente acudía a éste para dar rienda suelta a sus sentimientos o para comentar, con la naturalidad propia de una chica de su edad, algún suceso digno de mención. El 29 de marzo de 1944 es la última fecha marcada en la que el diario fue corregido por su autora.

Ana se dedicaba en cuerpo y alma a escribir su diario, para ella redactar los acontecimientos que asiduamente sucedían era una labor verdaderamente importante y por ello se lo tomaba muy en serio; buscaba la soledad para lograr una mayor concentración y generalmente la lograba en la habitación de sus padres, en la pequeña mesita de su cuarto que compartía con el señor Dussel o bien en el ático, cerca de la ventana. Todos eran conocedores del interés que Ana ponía a la hora de redactar su diario, aunque nadie pudo conocer realmente qué era lo que contaba en él puesto que la joven jamás estuvo por la labor de airear sus intimidades, y a lo máximo a lo que accedió, tras muchos ruegos, fue a la lectura de algún capítulo sin importancia o de alguno de sus cuentos de lo que hablaremos más adelante.

Todos respetaban la intimidad de Ana y jamás intentaron leer el diario sin su permiso, aunque ciertamente en alguna ocasión pudieran haber sentido una profunda curiosidad al pensar que tal vez, por alguna circunstancia casual, eran los protagonistas indiscutibles de la narración de aquel día. El diario estaba tan presente en la vida del anexo que Otto llegó a valerse incluso de él, para lograr un fin de este modo, en cierta ocasión amenazó a su hija con quitárselo si su rebelde comportamiento no remitía.

Todos se interesaban por el desarrollo del diario de Ana, sobre todo sus cuidadores; aquellas magníficas personas que procuraban que los escondidos tuvieran no sólo las necesidades de primera mano sino que también se desvivían por facilitarles su reclusión tratando por ello de que Ana siempre tuviera material con el que poder escribir, y así la proporcionaban tanto libros de cuentas vacíos como lápices y demás material indispensable.

Según los datos que aparecen en la biografía de Carol Ann Lee, Ana llegó a acumular cuatro diarios. El primero de ellos se corresponde con los escritos realizados entre el 12 de junio de 1942 y el 5 de diciembre de ese mismo año; el segundo abarcaría el período de tiempo comprendido entre el 5 de diciembre de 1942 y el 22 de diciembre de 1943; el tercero iría desde el 22 de diciembre de 1943 hasta el 17 de abril de 1944 y el cuarto desde la última fecha citada hasta el 1 de agosto del mismo año; en esta fecha, Ana escribiría, sin saberlo, la última carta a su fiel receptora *Kitty*, ya que tres días después, Kugler irrumpía en el anexo, pronunciando aquellas rotundas palabras: *La Gestapo está aquí,* todo había terminado. Las últimas palabras conservadas en el diario fueron las siguientes:

> *Dentro de mí oigo un sollozo: «Ya ves lo que has conseguido: malas opiniones, caras burlonas y molestas, gente que te considera antipática, y todo ello sólo por no querer hacer caso de los buenos consejos de tu propio lado mejor». ¡Ay, cómo me gustaría hacerle caso, pero no puedo! Cuando estoy callada y seria, todos piensan que es una nueva comedia, y entonces tengo que salir del paso con una broma, y para qué hablar de mi propia familia, que enseguida se piensa que estoy enferma, y me hacen tragar píldoras para el dolor de cabeza y calmantes, me palpan el cuello y la sien*

para ver si tengo fiebre, me preguntan si estoy estreñida y
me critican cuando estoy de mal humor, y yo no lo aguanto;
cuando se fijan tanto en mí, primero me pongo arisca, luego
triste y al final termino volviendo mi corazón, con el lado
malo hacia fuera y el bueno hacia dentro, buscando siem-
pre la manera de ser como de verdad me gustaría ser y como
podría ser... si no hubiera otra gente en este mundo.

Su diario concluye el 1 de agosto de 1944, ya que tres días después los ocho habitantes de la *Casa de atrás* serían descubiertos por los alemanes y tanto Ana como los otros siete ocupantes serían deportados a diferentes campos de concentración.

El fatídico día en el que se produjo tal detención, dos de las mujeres que habían estado ayudando a subsistir, lo más dignamente posible, a los escondidos, regresaron al escondite y recuperaron algunas de las pertenencias más personales de los detenidos, entre las que se encontraba el diario de la pequeña de los Frank. Estas dos gentiles mujeres se llamaban Miep Gies y Bep Voskuijl y demostraron tener un gran valor y un corazón entregado hasta el último momento. La encargada de guardar el documento fue Miep, quien cautelosamente lo escondió y lo mantuvo en su escritorio sin leerlo durante un largo período de tiempo para entregárselo, posteriormente y una vez consciente del trágico desenlace de los prófugos, a Otto Frank, único superviviente de la *Casa de atrás*.

Otto era sabedor de los deseos de su hija y fue por este motivo por el que finalmente se decidió a publicar un libro inspirado en los apuntes del diario que poseía. Para poder llevar a cabo esta publicación de la obra, Otto se nutrió de todo el material escrito por su hija, es decir, que hizo uso tanto de la versión abreviada, expurgada por la propia niña, como de la original. De todos los escritos, el patriarca de la familia Frank elaboró una tercera versión no tan libre como el diario de Ana pues en ella influyeron irremediablemente los siguientes aspectos: por un lado la editorial, que consciente de que este libro pasaría a formar parte de una colección, le impuso una serie de limitaciones que, en su mayor parte, tuvieron que ver con la extensión aunque también abarcaron el contenido; y, por otro lado, fue el propio Otto quien decidió suprimir ciertos párrafos con la intención de salvaguardar la memoria de los ya fallecidos habitantes de la *Casa de atrás;* puesto que Ana, en su fiel propósito de servirse del diario como de un mejor amigo, comentó sin escrúpulos, y en función de su estado de ánimo, la opinión que en cada momento le merecía su familia así como el resto de los vecinos que durante los dos largos años de reclusión vivieron con ella; todo lo cual nos lleva a pensar que en boca de una chiquilla *sin pelos en la lengua* más de una vez sus convecinos saldrían mal parados.

Asimismo, esta tercera versión publicada en 1947 eliminó muchos comentarios que Ana efectuó con respecto a temas sexuales, y es que en ese período de tiempo la libre expresión sobre ciertos asuntos no estaba bien vista y menos tratándose de un libro para jóvenes como se pensó en un principio que sería este.

Una vez finalizada esta versión, Otto Frank, fallecido en 1980, quiso que los escritos de su hija estuvieran debidamente custodiados, y por ello decidió cederlos al Instituto holandés de documentación de guerra (RIOD) situado en Ámsterdam. Desde su llegada a tal lugar, los escritos se vieron envueltos en una serie de polémicas que cuestionaban su autenticidad. Con la intención de esclarecer las dudas vertidas en torno al diario, el RIOD decidió realizar un minucioso examen pericial que concluyera con los rumores. El resultado sirvió para aportar nuevos datos sobre los escritos así como para dilucidar los misterios que envolvían los documentos. Tal análisis concluyó demostrando la autenticidad de los mismos.

Con el asunto zanjado, el RIOD decidió publicar entonces todos los textos que poseía, lo cual causó gran expectación, ya que, si bien se tenía constancia de la versión publicada por su padre con cierta censura, la versión original al completo era desconocida hasta aquel momento. Junto a los textos originales, el Instituto publicó también los frutos de la investigación llevada a cabo, la cual consistió, primeramente, en un escrupuloso y detallado análisis de los mismos donde se atendió a la caligrafía o al material que Ana empleó para confeccionar los mismos; en segundo lugar se centró en un seguimiento de la familia Frank antes y después de su detención y en última instancia se comentó el éxito de tales escritos adjuntando una descripción de la gran acogida que en todo el mundo tuvo el improvisado libro.

Como era de esperar, la publicación efectuada por el RIOD sirvió de base para el surgimiento de otras publicaciones basadas en el diario de Ana Frank; una de ellas, fue la llevada a cabo por el Fondo

Ana Frank, de Basilea, en Suiza; éste, al ser heredero universal de Otto Frank, poseía directamente los derechos de su fallecida hija. La responsable de esta nueva edición fue Mirjam Pressler, escritora y traductora alemana que no olvidó la labor realizada por Otto Frank en la tercera versión sino que se apoyó en ella y, ayudada por la publicación del RIOD, la completó con fragmentos escritos por Ana en su primera y segunda versión. Lo que Mirjam pretendía con esta nueva versión era ampliar la ya existente y profundizar en los sentimientos y emociones de Ana Frank para lograr una imagen global e íntegra de su persona y de su estancia y convivencia en la *Casa de atrás;* por lo que la cuarta versión fue lanzada al expectante mundo siempre ávido de nuevas noticias sobre la joven e imperecedera Ana.

Algo que los lectores deben saber y que está estrechamente ligado con los personajes que aparecen en el diario es que no todos se nos presentan con su verdadero nombre. La familia Frank al completo sí que emplea su nombre real, aunque Ana, al realizar la segunda versión de su diario y pensando en una futura publicación, redactó un seudónimo para cada uno donde ella se autodenominaba Ana Robin pero su padre, en la tercera versión, no lo utilizó, aunque sí lo haría con el resto de personajes. Por consiguiente la lista con las verdaderas identidades y los seudónimos adaptados a cada uno sería la siguiente: la familia Van Pels de Osnabrück en Alemania estaba constituida por Auguste, Hermann y su hijo Peter; pero Ana prefirió cambiar sus nombres por los de Petronella, Hans y Alfred van Daan; aunque en la edición de Otto H. Frank y Mirjam Pressler aparecen como Petronella, Hermann y Peter van Daan.

Al señor Fritz Pfeffer, Ana le otorgó el nombre de Albert Dussel, el cual ha sido respetado en las diferentes ediciones. Por el contrario, las personas que defendieron a los ocho judíos durante su largo período de reclusión aparecen en el libro con sus nombres auténticos pues la arriesgada labor humanitaria que realizaron y que pudo haberles costado la vida es digna de pasar a la Historia con el nombre y los apellidos de aquellos que la realizaron; el mundo merece conocer la identidad de quienes se jugaron la vida por los demás. El resto de las personas figuran con el nombre de la versión anotada.

Por otro lado, las personas que prefirieron que sus nombres no fueran revelados, obtuvieron una inicial que el RIOD les otorgó aleatoriamente.

Contenido del diario

En gran parte de las notas de Ana Frank vemos una serie de reflexiones que la joven realiza observando a su alrededor; la comunidad de siete vecinos que conviven con ella conforman la mayor parte de los temas de su diario, pero sobre todo, Ana se detiene en sí misma, vuelve los ojos hacia su interior y se analiza concienzudamente, obteniendo como resultado unas conclusiones verdaderamente asombrosas por lo que de justo y equilibrado hay en ellas.

Ana nos deja entrever a una joven sensible, espontánea, alegre; a una niña que vislumbra ya a la mujer que florece en su interior; es una fiel y tenaz contempladora, aunque todavía desconocedora del dolor y las tristezas reales del mundo pero, con todo, una muchacha a la que el encierro no pudo perturbar su carácter.

En su período de reclusión, los habitantes de la *Casa de atrás* mataban el tiempo leyendo y estudiando diferentes temas y materias, que Ana, haciendo referencia a cada uno, plasmó detalladamente en su diario:

> *El señor Van Daan: no estudia nada; consulta mucho la enciclopedia Knaur; lee novelas de detectives, libros de medicina e historias de suspense y de amor sin importancia.*
>
> *El señor Dussel: estudia inglés, español y holandés sin resultado aparente; lee de todo; su opinión se ajusta a la de la mayoría.*
>
> *Peter Van Daan: estudia inglés, francés (por correspondencia), taquigrafía holandesa, inglesa y alemana, correspondencia comercial en inglés, talla en madera, economía política y, a veces, matemáticas; lee poco, a veces libros sobre geografía.*
>
> *Margot Frank: estudia inglés, francés, latín por correspondencia, taquigrafía inglesa, alemana y holandesa, mecánica, trigonometría, geometría, geometría del espacio, física, química, álgebra, literatura inglesa, francesa, alemana y holandesa, contabilidad, geografía, historia contemporánea, biología, economía, lee de todo, preferentemente libros sobre religión y medicina.*

Ana Frank: estudia taquigrafía francesa, inglesa, alemana y holandesa, geometría, álgebra, historia, geografía, historia del arte, mitología, biología, historia bíblica, literatura holandesa; le encanta leer biografías, áridas o entretenidas, libros de historias (a veces novelas y libros de esparcimiento).

Lo que nunca dejó de hacer Ana, a parte de dedicarse a los asuntos arriba detallados fue escribir; pero no sólo su diario, al que periódicamente le dedicaba parte de su tiempo, sino que también se entretuvo escribiendo cuentos. Con respecto al contenido de su diario, la pequeña de «la Casa» supo recoger y plasmar con gracia los avatares del día a día donde tienen cabida unos análisis y reflexiones hechos con una sorprendente naturalidad, incluso cuando hacen referencia a temas tan complicados como el amor o la feminidad.

En torno a las personas que vivieron con nuestra protagonista, ella mostró las simpatías y antipatías que le inspiraba cada uno; del mismo modo que se entretuvo en describir sus diferentes perfiles con gran lucidez, pero sin perder la dulzura e inocencia propia de una niña que todavía no estaba maleada por la vida y que, por tanto, conservaba en los hombres, una esperanza que aplicaba incluso a los nazis.

Sobre el tema religioso habría que resaltar, como todo el mundo sabe desde el inicio del libro, que Ana era judía, pero no era una persona religiosa en cuanto a fiel y exacto cumplidor de la religión se refiera, sino que, por el contrario, no profesaba la religión más que de una forma reducida, cuyas únicas muestras eran unas vagas prácticas tradicionales; postura que, indudablemente, debió de aprender de sus padres.

Ana leyó la Biblia durante su estancia en la *Casa de atrás,* pero lo hizo con el mismo interés con el que pudo leer cualquier otro libro que le hubieran recomendado, lo cual podía desligarse de la frase en la que comentó que, entre otras cosas, estudiaba historia bíblica; así mismo, fueron escasas las veces en que la joven se acordó de Dios, y si lo hizo fue para pedirle protección pero no de una forma que pudiera considerarse puramente devota. Con todo, Ana habló con Dios en ciertas ocasiones, y lo hizo con verdadera confianza y con un puro sentimiento que nos llevaría a pensar que ese Dios esperanzador vivía en su interior; y lo descubrió reiteradamente en la naturaleza, a la que hizo continuas alusiones; pues el deseo de sen-

19

tirse en contacto con ésta le produjo una profunda calma espiritual. Pero Ana no se percató de la presencia de Dios de la noche a la mañana; sino que ese sentimiento de apoyo lo fue descubriendo paulatinamente al tiempo que entraba en contacto con su feminidad, y de esta forma, lograría cruzar la barrera que la postraba en la desesperación para llegar a posicionarse en la esperanza y alcanzar así sentimientos y percepciones jamás experimentados. *Para el que tiene miedo, para el que se siente solo o desgraciado, el mejor remedio es salir al aire libre, encontrar un sitio aislado donde pueda estar en comunión con el cielo, con la naturaleza y con Dios (…).*

Repercusión

Ana Frank caló hondo en el corazón de todos y, por ello, P. Pire, Premio Nobel de la Paz en 1958, puso su nombre al sexto poblado europeo por él fundado.

Esta obra ha sido llevada a la escena en Broadway por los autores norteamericanos Albert Hackett y Francis Goodrich, estrenándose oficialmente en el *Cort Theatre* de Nueva York el 5 de octubre de 1955 con la actriz Susan Strasberg representando el papel de Ana. La obra obtuvo una gran acogida por parte del público estadounidense así como el galardón de los críticos teatrales norteamericanos, el codiciado *Premio Pulitzer* en 1956 y el *Tony Award,* todo lo cual sirve para ratificarnos en la idea de que este diario, sin pretenderlo, es una verdadera obra literaria con una gran fuerza, pero que conducido por manos de especialistas llega hasta cimas jamás sospechadas por su autora.

El diario, traducido a diecisiete lenguas, no sólo se ha abierto camino bajo la forma de representación teatral, sino que también ha sido difundido como obra cinematográfica y un claro ejemplo de ello es el film creado por la *Twentieth Century Fox* y dirigido por George Stevens en 1957 e interpretado por autores tales como Seller Winters y Millie Perkins. Millie Perkins fue la encargada de interpretar a Ana Frank mientras que Seller Winters, interpretando a la señora Van Daan, ganó el Óscar a la mejor actriz de reparto. La película fue tan aplaudida que su fama quedó probada cuando la entregaron el Óscar a la mejor dirección artística y a la mejor producción en blanco y negro.

Ana Frank se ha convertido en un personaje de tal trascendencia que, incluso, ha protagonizado exposiciones fotográficas como la que ha tenido lugar recientemente en la Galería Nacional del Museo de los Niños en Costa Rica, la cual ha contado con más de 400 fotografías que dividen la historia de la joven en cinco períodos que comienzan con el nacimiento de Ana en Alemania en 1929 y que se remontan hasta la actualidad; donde las interminables luchas siguen encumbrando a Ana como un fuerte símbolo de esperanza.

Actualmente, los periódicos nacionales se han hecho eco de las recientes publicaciones de otra joven holandesa asesinada por los nazis, Helga Deen, una adolescente de dieciocho años que murió en el Holocausto junto con sus padres y hermanos en el polaco campo de concentración de Sobibor. Aunque el sufrimiento de esta muchacha no debió de ser inferior al de nuestra protagonista, los titulares la asemejan como arrastrados por la fuerza demoledora de un gran huracán a nuestra querida niña holandesa, cuya fuerza y repercusión es imparable y, por tanto, la noticia se encabeza con la frase: *El diario de otra Ana Frank,* como si Ana fuera irremediablemente el referente, el símbolo.

Helga escribió su pequeño diario, unas veinte páginas, en el campo de concentración de Vught, un lugar de tránsito para los nazis, unos dos meses después de haber sido encerrada en el barracón 34B; el material que utilizó para poder redactarlo fue una libreta donde solía realizar sus anotaciones escolares de química ya que la joven estaba concluyendo sus estudios de secundaria. Aparte de estas veinte páginas también se han conservado cinco cartas que escribió para su novio, Kees van den Berg, y que consiguió sacar clandestinamente del campo.

Sus últimas anotaciones coinciden con el momento en el que 1.300 niños judíos fueron deportados desde Vught, en Holanda, hasta Sobibor y Auschwitz, los más temidos campos de concentración en Polonia donde muy pocos sobrevivían; Helga también fue trasladada allí donde moriría poco después.

Este testimonio ha sido finalmente difundido por el archivo de Tilburg, al que el novio de Helga cedió los escritos, para que el mundo conozca el sufrimiento padecido por los judíos en primera persona, ya que en la Segunda Guerra Mundial sufrieron y perdieron la vida muchas Ana Frank.

II. CUENTOS DE ANA FRANK

Ana sabía expresar con maestría los diferentes aspectos de su vida; describía de forma detallada y realista tanto una mera anécdota como el sentimiento más íntimo que palpitara en su interior, y en consecuencia, esa facilidad de expresión no tardaría mucho en dar paso a un interés profesional por la escritura.

Ana fue descubriendo este gusto por la escritura gracias a su diario primeramente y después al aventurarse a escribir algo de ficción, sus apreciados cuentos. Expresar sus ideas y sentimientos en el papel la llenaba tanto que llegó a la conclusión de que allí estaba su futuro; quería ser escritora o periodista y llevar así una vida diferente a la de las demás mujeres.

Ana sabía que algún día habría de morir como todo el mundo, quizá ocurriría durante el transcurso de la guerra o tal vez muchos años después, pero no obstante, tenía un consuelo, sus obras. Gracias a sus escritos Ana estaba segura de que podría perdurar en la mente de quienes leyeran sus textos, y eso era lo que deseaba, conseguir la inmortalidad por medio de esta vía.

Ella entendía que sus escritos no estaban mal, que podían perfeccionarse, pero que, en conjunto, eran buenos; pese a todo era muy crítica consigo misma y sabía diferenciar lo bueno de lo mediocre. La escritura se había convertido en algo primordial en su vida, pues gracias a ello superaba los difíciles momentos que debía callar, era un desahogo y un aliento, puesto que el pensar que quizá pudiera ver publicados en un futuro sus relatos la llenaba de esperanzas e ilusiones. En el libro de cuentos publicado con los relatos que escribió durante su estancia en el anexo podía leerse:

Debo trabajar para no siempre ser tonta, para progresar, para llegar a ser periodista. ¡Eso es lo que quiero

ser! Seguro que sé escribir. De los cuentos, uno o dos
están bien, algunos de los relatos resultan humorísticos;
en mi Diario hay bastantes cosas buenas, pero... todavía
se ha de ver si de verdad tengo talento.
Yo soy mi crítico más severo. Sé lo que está bien escrito
y lo que no lo está. El que no escribe no tiene ni idea de
lo bonito que es esto. Ya que no sé dibujar estoy contenta
de saber escribir. Y, si no tengo talento para hacer artícu-
los periodísticos o novelas, escribiré para mí. (...)
Escribir lo arregla todo, aleja las preocupaciones y
levanta el ánimo. Pero, y esto es lo que importa, ¿llegaré
a escribir algo importante? ¿Podré ser periodista o autora
de novelas? ¡Espero que sí, lo espero con todo mi cora-
zón! Escribiendo puedo expresarlo todo, mis pensamien-
tos, mis ideas y mis fantasías.

Primero se ilusionó pensando que su diario podía tener una difusión tras la guerra, y luego extendería sus miras hacia sus obras de
ficción, sus cuentos. Ella no llegaría a verlo pero efectivamente
todo lo que escribió vería la luz. El 11 de mayo, tras escuchar a
Gerrit Bolkestein, ministro holandés de Educación, Arte y Ciencia,
por *Radio Orange,* decidió ponerse a escribir en serio; se replan-
teó su escritura diaria y cambió la concepción de sus escritos, ya
no era un mero entretenimiento, sino que ahora era un trabajo; se
había convertido en una especie de corresponsal de guerra, que
infiltrada en un escondite de judíos retransmitía cada detalle sig-
nificativo de su conflictiva situación; y así se puso a reescribirlo
todo, suprimiendo anécdotas insignificantes, deteniéndose en aspectos más significativos..., pero siempre sin parar de escribir, sin
dejar de narrar el continuo fluir de los acontecimientos diarios.
De todos los cuentos que Ana escribió, *El sueño de Eva* y *La*
vida de Cady fueron los más apreciados por la autora. El primero
de ellos era considerado por la joven como *mi mejor cuento de*
hadas y realmente se sentía orgullosa de aquel escrito tan ingenioso y de su incipiente talento para hilvanar sucesos y aventuras
inventadas. Por otro lado, *La vida de Cady* trataría sobre una historia más realista, un conflicto de amores del que Ana dirá *No son*

tonterías sentimentales, porque el relato incluye en parte la historia de papá; aunque más bien podría verse en la protagonista de la historia un claro reflejo de la autora; de esta forma Cady se correspondería con Ana y quizá Hans, el otro personaje principal, sería el reflejo de su siempre amado Petel; en definitiva, el relato vendría a ser una historia de amor inconfesado y con un final triste debido al orgullo de la joven y despechada Cady. Ana intentará por todos los medios crear un relato digno, pero se topará con muchas dificultades, hasta el punto de que llegará a confesarle a su querida *Kitty*:

> *Hace mucho que he abandonado «la vida de Cady»; en mi mente sé perfectamente cómo la historia ha de continuar, pero me cuesta escribirlo. Tal vez nunca la acabe; tal vez vaya a parar a la papelera o la estufa. No es una idea muy alentadora, pero si lo pienso, reconozco que a los catorce años, y con tan poca experiencia, tampoco se puede escribir filosofía.*
>
> *Así que adelante, con nuevos ánimos, ya saldrá, ¡porque he de escribir sea como sea!*

En todos sus cuentos siempre hay lugar para la naturaleza; la cual aparece identificada con Dios y ese acercamiento a la primera implicaría un encuentro con Dios, lo que originaría un inminente sentimiento de felicidad.

Los cuentos escritos por Ana tratarán de temas muy variados; así, tal y como ya hemos comentado, *El sueño de Eva* tratará un tema mágico, alejado de lo terrenal, y en este bloque habría que incluir otros títulos como *Kaatje, La familia del portero, El enano sabio o Blurry, el que quiso ver mundo,* cuentos, todos ellos, donde se apreciaría una clara desconexión de la realidad para tratar temas más universales como el amor, la bondad o la paz, y todo dentro de ambientes irreales y maravillosos.

Otras de sus obras son claros fragmentos de anécdotas vividas en la *Casa de atrás* y, por tanto, un fiel retrato de ciertos asuntos puntuales; a este grupo pertenecerían obras como *La batalla de las patatas* o *Malvados,* donde el primero de ellos trataría de las disputas creadas en torno a la diaria labor de pelar patatas frente al segundo que comentaría el delicado tema de las pulgas que sufrieron en el anexo a causa de la terquedad de los Van Pels.

Continuando con la temática de los cuentos habría otros que, tratando temas más trascendentales, contarían con una clara intención moralizante o de reproche, como sería el caso de *Riek* o *¡Dar!,* en el que Ana criticaría la avaricia de la gente y pronosticaría, al mismo tiempo, el posible final de la mendicidad si todos contribuyeran un poco y abrieran su corazón a los desvalidos.

En definitiva, cabría destacar el alma de escritora de Ana, una jovencita con imaginación y talento que habría sabido expresar con maestría admirable tanto descripciones de la vida cotidiana como sucesos ficcionados. Todavía debería trabajar muy duro para perfeccionar su estilo, pero era aún muy joven y estaba en el buen camino; prueba de ello eran sus variados cuentos.

III. BIOGRAFÍA DE ANA FRANK

Antecedentes familiares de Ana Frank

¿Te he contado alguna vez algo sobre nuestra familia?— Preguntó el lunes 8 de mayo de 1944 Ana Frank a su querida *Kitty*; y lo cierto es que hasta esas alturas del diario los datos que el lector poseía sobre la familia de Ana eran muy escasos. La muchacha se había dado cuenta de tal ausencia y decidió remediarla: —*Creo que no, y por eso empezaré a hacerlo enseguida.*

Otto Frank, el padre de Ana, nació en Francfort del Meno y allí creció junto a sus tres hermanos, dos varones y la pequeña mujercita de la familia. Los padres de los cuatro niños eran gente de dinero. Frente a Alice Betty Stern, abuela de Ana, que provenía de una familia distinguida y adinerada, muy vinculada con el comercio alemán, estaba Michael Frank, cuya fortuna era el fruto de un intenso trabajo. Desde muy joven comenzó a abrirse camino por sus propios medios hasta que, con los años, logró convertirse en el millonario dueño de un banco.

Michael Frank, el séptimo de once hermanos, fue un hombre emprendedor, una mente inquieta que logró triunfar en la vida por sus propios medios. Vino a Francfort, con una maleta cargada de ilusiones y esperanzas, procedente de Landau, una ciudad ubicada en el Rhineland-Pfalz y caracterizada por los trágicos acontecimientos que vivió la comunidad judía allí instalada hasta poco tiempo antes del nacimiento de Michael el 9 de octubre de 1851. Es muy probable que la trayectoria profesional del abuelo de Ana estuviera marcada, en cierto sentido, por el padre de éste, Zacharias

Frank, un banquero con renombre que poseía varios viñedos en Albersweiler.

De los once hermanos de Michael únicamente dos permanecieron en Landau, por lo que la idea de emigrar a otra ciudad no era algo ajeno para el padre de Otto, que tomó tal determinación cuando dos de sus hermanas se casaron y se instalaron con sus adinerados maridos en Francfort. Michael contaba por aquel entonces veintiocho años.

Indudablemente, Francfort era una ciudad que tenía mucho que ofrecer, sobre todo, en el terreno comercial, y Michael no desperdició las oportunidades brindadas por dicha ciudad. Allí contrajo matrimonio, el 3 de enero de 1885, con una joven de veinte años llamada Alice Betty Stern, una muchacha nacida en Langestrasse el 20 de diciembre de 1865; hija de August Heinrich Stern y Cornelia Cahn, un matrimonio de Francfort que vivía desahogadamente.

Alice era una persona cariñosa, entregada y buena; su nieta Ana la tuvo un gran aprecio y cariñosamente se dirigía a ella con el nombre de Omi. Cuando vivieron separadas mantuvieron un continuo contacto acentuado por las entrañables cartas que Ana la mandaba; la abuela paterna siempre estaría en los pensamientos de la niña, incluso en la *Casa de atrás,* donde Ana soñará que su abuela se presentó ante ella *de una forma tan clara, que pude distinguir perfectamente su piel gruesa y suave (…).*

Las raíces de Alice Betty Stern en Francfort se remontaban hasta bien entrado el siglo XVI, datos acreditados en los archivos de la ciudad; los cuales mostraban entre los ancestros de esta mujer tanto a gente adinerada y sobresaliente por su actividad comercial como a gente que había vivido en el llamado Francfort Judengasse, como era el caso de su abuelo paterno Abraham Süsskind Stern. Este lugar, tal y como se desprende de las notas tomadas por Carol Ann Lee del *Amos Elon, Founder: Meyer Amschel Rothschild & His Time (Londres: Harper Collins 1996), p. 20* e incluida en su biografía de Ana Frank:

> *Era un recinto cerrado y quedaba apartado del resto de la ciudad por altos muros y tres pesadas verjas. Las verjas estaban custodiadas por soldados y se cerraban por la noche, todo el día durante los domingos y las fiestas cristianas y*

desde el Viernes Santo hasta después de la Pascua. En ella vivía la mayor comunidad judía de Alemania en condiciones de casi total aislamiento o apartheid; y varios párrafos después Carol Ann Lee continúa diciendo: (…) Durante siglos, había existido un gueto judío en Francfort. Tras un pogromo en 1614 en el que todos los judíos fueron expulsados de la ciudad, los que volvieron fueron obligados a identificarse con una insignia redonda cosida a sus ropas. En el siglo XVIII las minúsculas casas hacinadas a lo largo de la Judengasse y la Konstablerwache eran tan raquíticas que incluso la insolidaria prensa francesa dedicó un artículo a hacerse eco de sus peticiones. Durante determinados días se prohibía a los judíos circular por las calles y su libertad para comerciar estaba estrictamente limitada a los negocios que más tarde los nazis les acusarían de monopolizar. Sólo se permitían doce matrimonios al año y la Francfort Kehillah impedía a las chicas circular fuera del gueto. Finalmente, a principios del siglo XIX, como resultado del empeño de judíos y no judíos, las leyes fueron suavizándose progresivamente y los judíos consiguieron igualdad de derechos. Cuando Michael Frank llegó a Francfort el odiado gueto estaba siendo desmantelado. Aún así seguía latiendo un resto de antisemitismo bajo la superficie del nuevo liberalismo.

Su vida en pareja fue fructificando al igual que los negocios de Michael Frank y una buena prueba de ello fue el nacimiento de sus cuatro hijos. Pronto trasladaron su residencia al oeste de Francfort, en concreto, al número 4 de Jordanstasse; un lugar tranquilo donde abundaban las familias judías liberales que gracias a una vida dedicada al trabajo habían logrado construir allí su ansiado hogar.

Los negocios de Michael Frank, tal y como recogen las investigaciones de la señora Lee fueron muy variados y prósperos:

Empezó a negociar con acciones y bonos, moneda extranjera y letras de cambio. Invirtió en varias compañías, entre ellas una fábrica de cigarros, una empresa de comida para niños, una imprenta y una marca de pastillas para la tos.

29

Ayudado por los pagos de repatriación de la guerra francesa, la economía alemana prosperaba y las compañías de capital social florecían. En 1900 Michael era un hombre satisfecho, que había vendido muy provechosamente todas sus acciones excepto las de las pastillas Fay.

Todo ello contribuyó a que los hijos de Michael tuvieran una infancia feliz que Ana comenta en su diario del siguiente modo según consta en la edición que venimos manejando escrita por Otto H. Frank y Mirjam Pressler: *Papá tuvo una verdadera vida de niño bien, con fiestas todas las semanas, y bailes, niñas guapas, valses, banquetes, muchas habitaciones, etc.*

Otto Heinrich Frank, pues así era el nombre completo del padre de Ana, nació el 12 de mayo de 1889 y era el mediano de sus tres hermanos. El mayor, Robert, era tres años mayor que él, por el contrario, Herbert, era dos años menor y Helene, la más pequeña de la familia, era cuatro años menor que Otto. Helene siempre gozó del trato privilegiado que tienen los hermanos menores y más al tratarse de la única chica; la muchacha siempre fue el ojito derecho de Otto, quien cariñosamente la apodó Leni.

Otto supo aprovechar esa *educación de primera* de la que hablaba su hija en su diario; y una matrícula de honor como resultado en su certificado final de notas confirmaría su buen hacer durante el período escolar en el Leissing Gymnasium. Para una persona tan brillante y receptiva las posibilidades académicas que se le ofrecían eran amplísimas; Otto tenía unos gustos muy similares a los que años después reconocería tener su hija menor; estos gustos se orientaban hacia la Historia y el Arte, por lo que finalmente se inclinó a cursar estudios de Historia del Arte en la Universidad de Heidelberg, aunque sabía que tarde o temprano él y sus hermanos deberían ponerse al mando de los negocios que, tan prósperamente, regentaba su padre. Con todo, Michael nunca fue un padre absolutista y por ello dejó que cada uno de sus hijos eligiera los estudios que deseara cursar y se formara libremente, sin opresiones, aún sabiendo que algún día habrían de seguir su legado.

Otto empezó sus estudios muy ilusionado pero a los tres meses de iniciado el curso conoció al que sería su mejor amigo: un estudiante norteamericano recién llegado de Princeton. Tal encuentro supuso un importante giro en su vida y Otto se lanzó a la aventura sin seguir ningún tipo de esquemas. El nombre del joven que hizo cambiar radicalmente la trayectoria que se presuponía para Otto fue Charles Webster Straus, quién a los veintiún años y movido por su incipiente carrera política se cambió el nombre por el de Nathan Straus. Nathan era hijo del dueño de Macy's en Nueva York, y a raíz de la estrecha amistad que surgió entre él y Otto, le ofreció un trabajo en la empresa de su padre. Otto no pudo rechazar la golosa oferta y se marchó a los Estados Unidos.

Aquella experiencia le sería de gran ayuda en su vida profesional, pues rápidamente aprendió a desenvolverse en el mundo de los negocios, pero en 1909 le sorprendió la trágica noticia de la muerte de su padre y hubo de regresar a Francfort. A partir de entonces las cosas comenzaron a complicarse para los Frank. Ana escribe en su diario:

> *Todo ese dinero se perdió cuando murió el abuelo, y después de la Guerra Mundial y la inflación no quedó nada. Hasta antes de la guerra aún nos quedaban bastantes parientes ricos.*

Es evidente que la situación económica de los Frank comenzó a agravarse con el *crack* de la Bolsa de Nueva York en 1929, año en que la economía entró en serios problemas debido, fundamentalmente, a la especulación. La década de 1920 fue muy productiva para los Estados Unidos, donde sus habitantes comenzaron a sentir un creciente impulso por enriquecerse de forma rápida y sin esfuerzo. La especulación llegó a la Bolsa movida por el alza producida en las acciones ordinarias durante los años veinte así como por las pautas marcadas por el Wall Street. Los negocios comenzaron a florecer a pasos agigantados; los agentes de bolsa se basaban en los títulos que habían adquirido para realizar los préstamos a sus clientes, al mismo tiempo que pedían créditos a los bancos para poder comparar esos títulos, ya que las ganancias que ofrecía la bolsa eran suficientes para liquidar créditos e intereses. Esta situación, que se mantenía únicamente sostenida por el alza de la Bolsa, no podría durar mucho más tiempo, ya que sus cimientos eran ficticios; sobrevivía gracias a la especulación. Finalmente la especulación acabó llevando la Bolsa a la quiebra. Fue a partir del 19 de octubre cuando la situación comenzó a complicarse, pero el gran desastre tuvo lugar el 28 del mismo mes al bajar 49 enteros el índice del *Times* sin que compraran los banqueros; ya el 29, con la puesta en venta de 33 millones de títulos y el nuevo descenso de los índices, quedó patente el gran desastre; el modelo de economía de los Estados Unidos basado en la especulación, se derrumbó con la grave crisis de Wall Street. Galbraith, J.K, en *La era de la incertidumbre*, escribe lo siguiente:

> *La bancarrota dio al traste con la capacidad adquisitiva de los consumidores, con las inversiones en los negocios y con la solvencia de los bancos y de las empresas. Después de la Gran Bancarrota, vino la Gran Depresión; primero, la eutanasia de los ricos, y después, la de los pobres. En 1933 casi la cuarta parte de todos los trabajadores norteamericanos estaba sin empleo. La producción —producto nacional bruto— había bajado un tercio. Como se ha dicho anteriormente, quebraron unos nueve mil bancos. El gobierno reaccionó normalmente; en junio de 1930, las cosas iban de mal en peor.*

A partir de 1931, el peso que sostenía la economía de los Estados Unidos hizo que la crisis se extendiera por todo el mundo. El reparto de capitales, al que los norteamericanos se vieron obligados, propició importantes quiebras bancarias en Austria y Alemania así como lógicas tensiones en la economía británica.

Los países europeos, en vista de la caída sufrida por los precios norteamericanos, hubieron de rebajar los suyos para hacerlos competitivos y lograr dar salida a los stocks; pero de poco sirvieron tales medidas ya que los Estados Unidos no estaban en situación de importar. Debido al proteccionismo que los Estados Unidos decidieron adoptar como medida para paliar la crisis; el mercado mundial se fue cerrando paulatinamente hasta quedar seriamente dañado.

Por todo ello, la crisis que, primeramente se inició en los Estados Unidos, acabó teniendo las mismas consecuencias en el resto de Europa. Estas se podrían sintetizar del siguiente modo: descenso de los precios principalmente agrícolas, derrumbamiento de las cotizaciones de Bolsa, caída de créditos e inversiones, subida del paro y profundo hundimiento y paralización de la producción industrial. Con respecto a Alemania habría que comentar que fue un país que sufrió muy duramente las embestidas de la crisis de 1929. El crecimiento que había estado experimentando durante los años veinte era fruto de los préstamos exteriores que, en su mayoría, provenían de Estados Unidos; con las crisis los capitales se fueron retirando de Alemania, y tal hecho tuvo como consecuencia la reducción de la inversión, que afectó directamente a la producción industrial en un 58 % aproximadamente. Más de seis millones de trabajadores se vieron sorprendidos por el paro y tal situación también salpicó a la agricultura que sufrió un colapso importante. El temor a una nueva inflación reinaba en el ambiente, por ello, el gobierno excluyó la devaluación y escogió la deflación. Alemania estaba pasando por una situación económica muy delicada y la *crisis del 29* la había dañado especialmente debido a la inestabilidad económica que venía arrastrando a raíz de los acuerdos de Versalles, tras la Primera Guerra Mundial; esta crisis, sin saberlo, tendría unas consecuencias más trágicas de las que se vislumbraban en un principio, ya que ocultaba tras de sí el germen del futuro ascenso del nazismo, el holocausto nazi se estaba empezando a fraguar.

Al morir Michael, su esposa Alice se convirtió en la propietaria del banco, pero el encargado de controlar tal negocio fue Otto ya que el joven contaba con una gran experiencia adquirida durante su estancia en Nueva York, ciudad de la que nunca quiso desvincularse, y prueba de ello fueron los esporádicos viajes que realizó a la misma. Pronto, la necesidad apremió y Otto tuvo que aprender a compatibilizar dos trabajos, pues aparte de encargarse del negocio familiar comenzó a trabajar, en calidad de administrativo, en una compañía metalúrgica situada en la ciudad de Düsseldorf.

La familia Frank debía seguir adelante sin el hombre que les había dado todo lo que tenían. Otto, su madre y sus tres hermanos estaban intentando sobreponerse de la pérdida cuando estalló la Gran Guerra; la Primera Guerra Mundial. Droz, J., Apud Duroselle,

J.B. en *Europa de 1815 a nuestros días* comenta las posibles causas de la Primera Guerra Mundial con las siguientes palabras:

> *¿Oposición de los nacionalismos? ¿Engranaje provocado por la carrera de armamentos? ¿Rivalidades económicas de las grandes potencias? Ninguna de estas causas es absolutamente determinante. Los motivos profundos de esta primera conflagración mundial hay que buscarlos en las necesidades nacionales y en la acción de los gobiernos: antes que nada en la rivalidad naval anglo-alemana y en el conflicto balcánico austro-ruso, conflicto que enlaza con el despertar de las minorías nacionales en la doble monarquía.*

La guerra comenzó por enfrentar a Alemania y Austria-Hungría, dos de los miembros de la Triple Alianza a los que se les denomina Imperios Centrales, con los componentes de la Triple Entente, Francia, Rusia y Gran Bretaña, que eran los Aliados. Los países que sufrieron la invasión de los arriba mencionados fueron Serbia y Bélgica. Conforme la guerra avanzaba eran más los países que iban tomando partido en la misma y posicionándose en uno de los bandos. Los primeros en tomar partido, en 1914, fueron Japón y Turquía; esta última apoyó a Alemania, mientras que Japón únicamente se sintió atraído por las colonias alemanas del Oriente Lejano. En los próximos años fueron más los países que entraron en acción; de este modo se incorporaron a los Aliados países tales como Italia, Rumania y Grecia; por el contrario, los Centrales serían apoyados por los búlgaros. Pero el gran acontecimiento se produjo en 1917 cuando Estados Unidos se unió al conflicto junto con los Aliados, lo que propició el acercamiento de otros países y sus colonias.

Los Centrales formaban un bloque compacto mientras que los Aliados estaban más dispersos. La mayor parte de los soldados que participaron en este conflicto fueron de infantería por lo que en este sentido Alemania contó con una cierta ventaja, ya que poseía mayor artillería pesada y ametralladoras; pero los Estados Unidos afectaron profundamente a la situación expuesta.

Tácticamente, el mayor peso recaía en la infantería, pero pronto, debido a la estabilización de los frentes con ametralladoras y trincheras, se encontraron en la necesidad de utilizar otro tipo de armas como la artillería o los tanques. Los alemanes eran tácticamente superiores al resto, sobre todo porque contaban, desde hacía tiempo, con el plan Schlieffen, que consistía en realizar un rápido ataque a Francia a través de Bélgica hasta conquistar París, y una vez allí, dirigir sus tropas a Rusia. Pero como hemos comentado, las tácticas previstas en un principio hubieron de ser sustituidas ante la inesperada guerra de trincheras por otras que se adaptaran a la situación bélica existente tales como tratar de abrir brechas en el frente enemigo o ampliar en un número considerable los frentes para que así los Centrales tuvieran que repartir sus fuerzas. Todas estas tácticas llevaban directamente a un desgaste del adversario que se veía atacado moral y físicamente.

En un principio, se pensó que esta guerra no duraría más que unos meses, pero la situación se fue complicando y esa extensión del período bélico implicó la creación de una fuerte industria armamentística. El hecho de que los Aliados controlasen el mar, supuso un duro golpe para Alemania que se vio afectada industrial y económicamente, por lo que se sintieron obligados a utilizar submarinos con el fin de destruir todos aquellos barcos encargados de abastecer a sus enemigos.

Con el estallido de la guerra Otto y sus dos hermanos, Robert y Herbert, fueron llamados a filas, y junto a ellos acudieron otros cien mil judíos. En 1915, Otto fue enviado como telemetrista a la artillería y recibió instrucción en un depósito de Maguncia. Durante todo el conflicto permaneció estrechamente ligado a la infantería.

La situación en que se encontraron los Frank al ser llamados a filas fue la siguiente: 1914 había sido un año de movimientos tácticos. Luxemburgo y Bélgica fueron invadidos por el general Moltke que desde esta posición y pretendiendo llevar a cabo el plan Schlieffen atacó Francia, pero el plan alemán, desarrollado para conquistar París, fracasó en la primera batalla de Marne tras haber sido enviado un número importante de soldados a Prusia para frenar el avance de los rusos. Fue entonces cuando Falkenhayn sustituyó a Moltke y se hizo cargo del Estado Mayor Germano.

Los rusos fueron detenidos en su avance gracias a esos refuerzos que llegaron del oeste, pero paralelamente los austriacos debían retroceder en Galitzia y salir de Serbia. Con todo, las colonias alemanas, muy dispersas territorialmente, fueron sucumbiendo. Ya en 1915, los frentes, debido al desgaste sufrido por las tropas hasta aquel momento, se estabilizaron y atrincheraron inclinándose por el desgaste y las rupturas en la parte occidental, frente a la zona Este, donde los Centrales dañaron considerablemente a los rusos y lograron avanzar hasta Bersina, donde debían frenar su ataque.

En 1916 todos los ataques se centraron en puntos determinados, es decir, se atendió a una táctica de desgaste hasta conseguir abrir una brecha en el frente enemigo; de este modo, Falkenhayn optó por Verdún, pero sin resultado; por su parte los franceses realizaron una ofensiva semejante en el Somme y obligaron a retirar las tropas alemanas de Verdún; Hidenburg pasó a ser nombrado nuevo jefe del Estado Mayor germano. En esta ofensiva del Somme, donde tantos soldados perecieron, participó Otto Frank, quien luchó fervientemente representando a su patria; él se sentía alemán y deseaba la victoria de su país que tan penosamente le pagaría, años más tarde, aquellos entusiastas esfuerzos. Con la retirada de los alemanes a la línea de Hindenburg, Otto fue ascendido a oficial.

En 1917 hubo una paralización de la guerra, las consecuencias económicas y humanas fueron ya bastante graves. Fue en este año cuando tuvo lugar el triunfo bolchevique en Rusia que culminó con la firma de la Paz de Brest-Litovsk; igualmente en este año, se produjo la entrada de los Estados Unidos en el conflicto del lado de los Aliados. Esta etapa culminó con la creación del Consejo Superior Interaliado de Guerra a cargo del general Foch.

Ya a finales de 1917, la unidad de Otto fue trasladada a Cambray, donde sufrieron el ataque más sangriento vivido hasta entonces; esta unidad de telemetristas fue atacada por 321 tanques británicos pero milagrosamente Otto salió ileso.

Es en 1918 cuando tuvieron lugar las grandes ofensivas finales. Una vez reforzadas las tropas del frente ruso, Alemania, dirigida por Ludendorff, inició una ofensiva con la intención de ocupar finalmente París y derrotar a los Aliados; pero los estadounidenses llegaron antes de que el ataque se produjera y Foch llegó a tiempo de realizar una contraofensiva que puso en evidencia la debilidad de los alemanes, por lo que Hidenburg y Ludendorff debieron admitir su derrota. El 11 de noviembre se firmó el armisticio en el bosque de Compiègne, dos días después de que la abdicación de Guillermo II abriera paso a la República. Austria-Hungría también sufrió la abdicación de su Emperador.

En el mismo año en el que finalizó el conflicto, el reconocimiento de su valentía le valió a Otto el ascenso a teniente y fue trasladado a la zona de Saint-Quentin, un sector muy castigado por los bombardeos, donde tuvo que presenciar escenas durísimas, pero finalmente el 11 de noviembre de 1918 la guerra concluyó y todos los Frank pudieron regresar a casa sin haber sufrido daños físicos importantes.

Durante los años de la Gran Guerra, Otto nunca dejó de escribir a su familia; su querida hermana fue el principal destinatario de sus cartas donde pocas veces le comentaba los horrores del frente, pues Leni conocía de primera mano la crueldad del conflicto ya que trabajaba junto a su madre como enfermera voluntaria en la Cruz Roja. Varios años después, en 1921, Leni contraería matrimonio con Erich Elias, fruto del cual nacería su primer hijo Stephan.

Las consecuencias del conflicto fueron realmente escalofriantes, demográficamente hablando, Europa sufrió unas pérdidas que oscilaban entre los 9 y 10 millones de muertos, siendo Alemania el país que más bajas contabilizó. Estas pérdidas eran en su mayoría varones de mediana edad lo que provocó un importante desequilibrio. El número de mujeres superaba con creces al de los hombres lo que implicó un descenso de la natalidad. Pero a estos traumáticos datos, habría que sumar el número de heridos y mutilados así como el de los muertos por las consecuencias lógicas de una guerra: hambre, epidemias…

En cuanto a los daños económicos fueron incalculables; gran parte de las infraestructuras de innumerables ciudades fueron arrasadas, y los endeudamientos, fruto del conflicto, no permitieron iniciar las tareas de reconstrucción.

Al terminar los enfrentamientos, la señora Frank y sus hijos volvieron a reunirse de nuevo, pero la situación era muy diferente a la que habían conocido poco antes del estallido de la Primera Guerra Mundial, sobre todo, en lo relativo a su economía. En páginas anteriores ya habíamos adelantado que su fortuna se esfumaría, y lo hacíamos recordando unas palabras que la propia Ana escribió en su diario en torno a este asunto, donde achacaba tal pérdida monetaria primero a la muerte de su abuelo y, después a la Primera Guerra Mundial, a la inflación; y ciertamente estos fueron los factores que contribuyeron a la dicha merma económica, ya que Alice, en ese momento, se aventuró a hacer una inversión en bonos de guerra que, debido a la inflación, resultó ser un fracaso y terminó por hundir el negocio bancario familiar levantado por Michael Frank.

Con la intención de sobreponerse a la desastrosa y generalizada situación económica del país, y con la esperanza de recuperar el legado que Michael Frank les había dejado, Otto y su hermano Herbert ayudados por el marido de Leni trataron de impulsar el negocio de nuevo creando una sociedad, pero todos los intentos fueron en balde; la economía alemana poco podía ofrecerles en aquellos momentos, por lo que llegaron a la conclusión de que la única forma de salir de la situación era lanzarse, proyectar sus negocios al extranjero, pues en esos momentos, Estados Unidos y Japón se habían convertido en las primeras potencias económicas gracias a las ventas realizadas durante el período bélico. Con esta premisa surge en 1923 la sucursal del banco de Ámsterdam que operaba bajo un nombre que suponía un homenaje a la persona que había logrado juntar una pequeña fortuna partiendo de la nada: Michael Frank & Hijos. Fue en este proyecto donde Otto conocería a Johannes Kleiman, el hombre que años después arriesgaría su vida por él y su familia. Pero el negocio no tuvo el éxito esperado y hubieron de liquidarlo.

De sus tres hermanos, Otto fue el último en contraer matrimonio. Hacia 1924 comenzó a cortejar a Edith Holländer, una joven de veinticuatro años que conoció a raíz de sus negocios bancarios y que era hija de un adinerado hombre de Aquisgrán. Esta relación pronto fructificaría a diferencia de otra que debió mantener Otto en años anteriores.

Edith nació el 16 de enero de 1900 en Aquisgrán y era la menor de sus cuatro hermanos, dos varones y una mujer. El abuelo materno de Ana, Abraham, era un rico fabricante cuya fortuna era producto de las riquezas acumuladas por el padre de éste, Carl Benjamín Holländer, un hombre dedicado a comerciar con chatarra y que acabó montando diversas fábricas metalúrgicas que posteriormente se dedicó a controlar Abraham.

Abraham, nacido el 27 de octubre de 1860 en Eschweiler, se casó con Rosa Stern, nacida el 25 de diciembre de 1866 en Langerischwalbach. Este matrimonio vivió durante varios años en Eschweiler, donde tuvieron a su primer hijo Julios; posteriormente se mudarían a Aquisgrán donde nacería Edith y sus dos restantes hermanos Walter y Bettina; aunque desgraciadamente Bettina moriría durante su adolescencia aquejada de apendicitis.

Ana tuvo un especial cariño a su abuela materna, quizá porque tuvo más contacto con ella, ya que vivió con la familia Frank durante la ocupación de Holanda y murió, afectada de cáncer, un año antes de su traslado al escondite de la *Casa de atrás,* donde Ana tuvo tiempo para reflexionar sobre la bondad de su abuela y la enfermedad que acabó con su vida:

> *Abuela, mi querida abuela, ¡qué poco nos dimos cuenta de lo que sufrió, qué buena fue siempre con nosotros, cuánto interés ponía en todo lo que tuviera que ver con nosotros! Y pensar que siempre guardó cuidadosamente el terrible secreto del que era portadora.*
>
> *¡Qué buena y leal fue siempre la abuela! Jamás hubiera dejado en la estacada a ninguno de nosotros. Hiciera lo que hiciera, me portara como me portara, la abuela siempre me perdonaba.*

Y es que Rosa sería además de una buena confidente, una importante vía de escape para aliviar las tensiones entre la joven Ana y su madre, y en más de una ocasión, hubo de actuar como mediadora entre madre e hija para evitar los roces que sí se llegarían a producir cuando ella ya no estuviera; tiranteces que aparecen reflejadas en el diario escrito por Ana en la *Casa de atrás.*

Edith, vivió junto a sus padres y hermanos en el número 1 de Pastoplatz rodeada por un ambiente de clase media. Su hija Ana, evocando la juventud de su madre, comentó en cierta ocasión en su diario que *Mamá no era tan, tan rica, pero sí bastante, con lo que ahora nos deja boquiabiertos con sus historias de fiestas de compromiso de 250 invitados, bailes privados y grandes banquetes.*

La pareja contrajo finalmente matrimonio el 12 de mayo de 1925 en Aquisgrán, y un estupendo viaje por Italia pondría punto y final a su luna de miel. La feliz pareja inició su vida matrimonial en casa de la madre de Otto que, a su vez, convivía con su hija y la familia de ésta compuesta por Erich, su hijo Stephan y el pequeño Bernhardt que nacería poco después.

Un año después del nacimiento de Bernhardt vino al mundo Margot Betti; en concreto su nacimiento tuvo lugar el 16 de febrero de 1926. Margot tuvo una infancia muy feliz, siempre estuvo rodeada por sus dos primos con los que se la ve en innumerables fotografías realizadas por su padre, cuya afición al retrato acabó por convertirse en una verdadera pasión.

Margot era una niña dulce y callada que recibió un inmenso cariño por parte de sus progenitores. Cuando la pequeña contaba dieciocho meses sus padres decidieron cambiar de casa para poder afrontar de forma más independiente su vida familiar; y con esta intención se trasladaron a una enorme casa en un barrio periférico de la ciudad. A pesar de que su economía familiar no era brillante, debido a la difícil situación que atravesaban los negocios de Otto, nunca pasaron dificultades de tipo alguno; y en este ambiente distendido pronto nacería su segunda hija, Ana, centro principal de nuestro relato.

Los primeros años de Ana

Nuestra protagonista vendría al mundo tras un complicado parto el 12 de junio de 1929, cuando sus entusiasmados padres ya tenían todo dispuesto para el inminente nacimiento. La recién nacida fue llamada oficialmente Annelies Marie Frank aunque pocas veces utilizaron el nombre completo para referirse a ella, pues por todos era conocida con el sencillo nombre de Anne.

Tal y como se ha comentado, Otto sentía un gran interés por la fotografía, por lo que nada más conocer la noticia del nacimiento de su segunda hija tomó la cámara y retrató a la recién nacida, quien apenas había abierto los ojos al mundo. Esta sería la primera imagen conservada de Ana Frank aunque muchas otras la seguirían para ir llenando unos albumes fotográficos que no pudieron ser completados, puesto que Ana nunca llegaría a culminar el ciclo de la vida.

Tras permanecer varios días en el hospital, Edith y su pequeña fueron enviadas a casa donde las esperaba la señora Dassing, una enfermera contratada precisamente para ayudar a la convaleciente en los días posteriores al parto.

El nacimiento de Ana coincide, históricamente hablando, con una gran inestabilidad económica fruto de la *crisis del 29* así como con el inicio del movimiento nazi que culminará en la temida guerra. Alemania, en estos años de posguerra, padecía fuertes agitaciones políticas que se concentraban principalmente en la ciudad de Francfort, donde los nacionalistas comenzaron iniciando un fuerte y progresivo ataque contra la población judía que iría encarnizándose con los años. El hecho de que el movimiento nazi fuera adquiriendo cada vez más fuerza se debía a la ya comentada crisis financiera cuyas consecuencias sociales fueron la adhesión a dicho movimiento de las personas descontentas. De las clases medias surgirían la mayoría de los militantes, mientras que de las clases altas provendría el dinero para financiar las actividades llevadas a cabo por el partido. El nazismo fue ascendiendo poco a poco sin encontrar ninguna resistencia importante debido, por un lado, a que los burgueses no mostraron un notorio interés por frenarlos y, por otro, a que los partidos de derecha consideraban más peligrosos a los socialistas y comunistas; todo lo cual supuso la libre actuación de los nazis.

Alival, H. en el libro *Manual de fascismo. Historia, doctrina, realizaciones,* realiza ciertos comentarios en torno a la ideología fascista que nos ayudan a forjarnos una idea más compacta del movimiento que comenzaba a despuntar en aquel momento:

> *Al hablar de la doctrina fascista, ha de tenerse en cuenta que ésta no existe en el sentido apriorístico y propagandístico que es habitual en los partidos políticos. En el fascismo no hay programa articulado, no existe tampoco un manifiesto inicial que trace las directrices definitivas del movimiento; el fascismo quiso primero obrar, y después vinieron las elaboraciones doctrinales. (...)*

41

Ahora bien, en esa doctrina no existe unidad de trayectoria. El fascismo es ecléctico, acomodaticio, no se para en prejuicios, ni en dogmas apriorísticos; toma de cualquier parte aquello que puede serle útil y desdeña lo que no estima aprovechable.

(…)

Consecuente con esos principios, con ese amplio criterio de selectividad, el fascismo encuentra los orígenes de su doctrina en fuentes numerosas y, a veces, contradictorias, realizando con ellas una labor admirable de depuración y de síntesis. (…)

Según Kart Bracher, las cuatro causas principales que produjeron la temida ascensión nazi al poder fueron: *la radicalización de la derecha alemana, la crisis económica de los años 30, la visión del sistema parlamentario alemán después de la muerte de Stresseman y la táctica propagandística de los nazis.* La sociedad poseía una serie de males, y los responsables que entorpecían la consecución de los posibles logros eran, bajo los ojos de los nazis, los masones, los comunistas, los negros, los gitanos, los homosexuales, los enfermos mentales, los inválidos y los judíos; siendo estos últimos su principal obstáculo y con quienes cometieron mayor número de atrocidades. La doctrina social de los nazis concebía que eran las minorías las que debían dirigir a las masas; esa minoría de la que hablaban la constituía la raza predominante, la cual debía formar una elite y hacer extensible al resto de la población una serie de motivos de lucha diferentes a los barajados hasta aquel momento. En torno a este concepto Adolf Hitler escribió en su libro *Mi lucha* el siguiente fragmento:

El Reich alemán, como Estado, tiene que abarcar a todos los alemanes e imponerse la misión, no sólo de cohesionar y conservar las reservas más preciadas de los elementos raciales originarios de este pueblo, sino también la de conducirlos, lenta y firmemente, a una posición predominante (…).

Es un hecho que, cuando en una nación, con una finalidad común, un determinado contingente de máxima ener-

gía se segrega definitivamente del conjunto inerte de gran masa, esos elementos de selección llegarán a exaltarse a la categoría de dirigentes del resto. Las minorías hacen la historia del mundo, toda vez que ellas encarnan en su minoría numérica, una mayoría de voluntad y de entereza (...).

Los nazis arremetieron tanto contra los judíos que consiguieron convencer al pueblo del peligro que suponía su presencia en la vida alemana, para ello procuraron hacer ver a los alemanes que la presencia judía era casi una invasión, aunque, en realidad, sólo constituían el 1 % de la población total. Para lograr crear esa retorcida perspectiva, popularizaron *los protocolos de los sabios de Sión;* un panfleto completamente falso del que se valieron en reiterados mítines y donde comunicaban al pueblo que habían logrado información proveniente de Rusia que dejaba al descubierto una serie de planes orientados a la pretensión, por parte del capitalismo ruso, de apoderarse del mundo; además, estas mentiras se adornaron con la difusión de historias que convertían a los judíos en verdaderos monstruos. Estas fueron las palabras exactas que Hitler utilizó a la hora de analizar su táctica propagandística:

La capacidad receptiva de la gran masa es sumamente limitada y no menos pequeña su facultad de comprensión, en cambio, es enorme su falta de memoria. Teniendo en cuenta estos antecedentes, toda propaganda eficaz debe concentrarse sólo en muy pocos puntos y saberlos explotar como apotegma hasta que el último hijo del pueblo pueda formarse una idea de aquello que se persigue.

Ya en 1930, ocho judíos fueron asesinados en Berlín a cargo de las SS. El holocausto nazi cobraba vida. Esta situación pronto empezó a salpicar a la familia Frank como a la inmensa mayoría de los judíos; su casero no tardó en simpatizar con los nazis que tan acertadamente supieron llevar su campaña publicitaria y, como todo fanático del partido nazi, su desagrado por los judíos comenzó a aflorar hasta el punto de que los Frank hubieron de mudarse; el nuevo vecindario escogido para convertirse en el entorno de su hogar fue el barrio denominado de los Poetas, en concreto el número 24 de Ganghoferstrasse.

Las pequeñas, inconscientes de la situación desastrosa que comenzaba a latir en aquellos años, no acusaron el cambio de casa y aceptaron la mudanza con buen humor, pues la nueva vivienda, aunque era más pequeña, contaba con un inmenso jardín donde las niñas podían salir a jugar cómodamente.

Pese al cambio de casa, Otto nunca se desvinculó de su madre y hermana sino que las seguía viendo con bastante frecuencia pues no quería que sus hijas perdieran el contacto con sus primos Buddy y Stephan. Ana siempre tuvo palabras de elogio para su padre al que llamó cariñosamente Pim; y la verdad es que Otto era un gran hombre y sentía verdadera adoración por sus hijas. Con frecuencia trataba de entretener a las pequeñas contándolas cuentos e historias ficticias que hicieran volar su imaginación; el preferido de las niñas era el que versaba sobre *Paula la Buena* y *Paula la Mala.* Estas historias tendrían mucha relevancia en el talento creativo de Ana, pues su padre continuará hablándola de las dos Paulas en la *Casa de Atrás,* y será entonces cuando la joven opte por escribir una de esas historias que dará origen a un estupendo cuento titulado *El viaje en avión de Paula;* aunque este cuento fue inventado por Otto para remitir el temor que provocaban en su hija menor los aviones que sobrevolaban el escondite.

Poco a poco las niñas fueron creciendo y sus caracteres se fueron definiendo; Margot comenzó a convertirse en una niña tímida, reservada y obediente mientras que Ana fue sobresaliendo por su carácter alegre, abierto y algo rebelde.

La situación de bienestar en el nuevo barrio no les duraría demasiado, pues la merma económica de los negocios de Otto, les obligó a volverse a instalar con la madre de éste. Las niñas estaban entusiasmadas de poder volver a tener a sus primos como compañeros de juegos, y además, este recorte de gastos permitió a Edith continuar disfrutando de una de sus mayores aficiones, la moda. Edith gustaba de vestir a la última y acabó por transmitir esta afición a sus hijas, a las que llevaba de compras por el centro de la ciudad para concluir tomando un café con bollos en alguna elegante cafetería en compañía de las amigas de Edith.

44

Otto Frank, junto a sus hijas Ana y Margot.

Según avanzaba el tiempo, la situación política se iba agravando y las pintadas cubrían con mayor frecuencia los negocios de los judíos; el ambiente comenzaba a hacerse insostenible hasta que en 1933 Hitler subió al poder.

Tras la caída del gobierno a causa de la situación económica, las presiones por parte de Hitler y sus camaradas para alcanzar el poder fueron cada vez mayores; a esta consecución contribuirían las tropas nazis conocidas como las SA cuyo cometido no era otro que el de atemorizar a la población. Para paliar una situación que cada día se hacía más insostenible únicamente existían dos posibles soluciones; ceder a las peticiones de los nazis otorgándoles una mayor libertad para que pudieran actuar libremente en el terreno político, o bien, revelarse contra ellos y tratar de combatirlos. Esta última opción parecía la más factible, y fue por ello, por lo que el canciller Bruning, al mando de una debilitada democracia, trató de luchar contra Hitler pero hubo de abandonar a causa de las intrigas del general Schleicher.

Finalmente Hitler acabó por obtener la victoria en las elecciones de 1932, pero no se conformó con la ampliación de su poder tal y como lo ofrecían los conservadores y jefes militares, sino que exigió la Cancillería; fue entonces cuando los intentos por parte de Schleicher de conseguir una unidad que reaccionara contra el nazismo fracasaron, y el presidente Hinderburg, siguiendo las directrices marcadas por Von Papen, hubo de pedir a Hitler que presidiera un gobierno en coalición. Un mes después el Parlamento del Reich sufrió un incendio que presumiblemente fue ocasionado por los comunistas; el caos ocasionado a raíz del mismo fue aprovechado por Hitler para convocar nuevas elecciones que acabaron por otorgarle 288 diputados.

Hitler adquirió rápidamente un poder que le permitió prescindir de los nacionalistas y gobernar en solitario; ya no había oposición que le frenase y la Cámara acabó por concederle la potestad para gobernar durante cuatro años. Hitler, que había conseguido llegar al poder por medio de vías legales, no tardó en convertir la República en un régimen totalitario donde él asumió todo el poder político controlando la policía, la justicia y la administración. El Reich pasó a ser un Estado unitario y centralizado, donde únicamente existía un partido, el Partido Nazi, con lo que el 24 de marzo de 1933 se decretó la Ley de plenos poderes cuyos artículos pueden leerse en el libro *El Tercer Reich* de Hegner, H.S.:

> *Art. 1. Las leyes del Reich pueden ser promulgadas por el gobierno fuera del procedimiento normal contenido en la Constitución del Reich.*
> *Art. 2. Las leyes emitidas por el gobierno pueden anular las promulgadas en consonancia con el contenido de la constitución siempre y cuando el Reichstag lo considere necesario para el bien del país. Los derechos del presidente del Reich permanecen invariables.*
> *(...)*
> *Art. 4. Los compromisos del Reich con otros Estados no necesitan de la aprobación de los Cuerpos Legislativos correspondientes, siempre y cuando el Gobierno lo estime oportuno (...).*

Ya no existía oposición alguna; comunistas, socialistas y organizaciones sindicales habían sido destruidas por los nazis e incluso los opositores del propio partido fueron aniquilados en la conocida como *noche de los cuchillos largos* que se organizó contra las SA dirigidas por Roehm.

Hitler se hacía cada vez más fuerte en Alemania, gracias al temor sembrado por la Gestapo así como por la manipulación informativa y propagandística; y en lo referente a la política exterior, los nazis pretendieron obtener el llamado *espacio vital* que el propio Hitler comenta en su libro *Mi lucha*:

> *La política exterior del Estado racista tiene que asegurarle a la raza que abarca ese Estado los medios de subsistencia sobre este planeta, estableciendo una relación natural, vital y sana entre la densidad y el aumento de la población por un lado, y la extensión y la calidad del suelo en que se habita, por otro (...).*
> *Nosotros, los nacionalistas, hemos puesto deliberadamente punto final a la orientación de la política exterior alemana de la anteguerra. Ahora comenzamos allí donde hace*

seis siglos se había quedado. Detenemos el eterno éxodo germánico hacia el sur y el oeste de Europa y dirigimos la mirada hacia las tierras del este. Cerramos al fin la era de la política colonial y comercial de la anteguerra y pasamos a orientar la política territorial alemana del porvenir.

Estos pensamientos fueron el motor que dirigiría la idea expansionista de Alemania, la cual pretendía recuperar aquellos terrenos considerados germánicos. Ante tan alarmante situación, Otto consideró que la mejor opción para él y su familia era la de huir de Alemania. La integridad de los judíos peligraba en un país exaltado por el movimiento nazi que no consideraba a los devotos de esta religión como alemanes, aunque hubieran nacido en aquella tierra, sino como despojos sociales; y esto quedó corroborado cuando los Frank tuvieron conocimiento, tal y como cuenta Carol Ann Lee en su biografía, de un decreto dictaminando que los niños judíos no eran bienvenidos en los colegios que dirigían las personas no judías. A costa de esto, Margot hubo de abandonar la escuela donde cursaba sus estudios, llamada Ludwig-Rechter, al mismo tiempo que era denegada la petición solicitada por los padres de Ana para que la pequeña fuera acogida en una guardería de la ciudad.

Al igual que Otto, la gran mayoría de su familia optó por abandonar Alemania. De este modo, Erich Elias, junto con su esposa Leni y sus dos hijos, Buddy y Stephan, partieron a Basilea, en Suiza, donde Erich estaría a cargo de una sucursal de Opekta, una empresa de pectina, cuya matriz era la compañía Pomosin-Werke que operaba en Francfort. Pronto, Erich le sugirió a Otto que abriera otra sucursal de Opekta en Holanda; tras sopesar la propuesta Otto terminó accediendo y, gracias a la ayuda de Erich, acabó por obtener los derechos de Opekta bajo la condición de que las compras de pectina se las efectuara a Opekta en Colonia, y que dirigiera el 2,5 % de los beneficios obtenidos a Pomosin. Otto, con la decisión tomada, partió hacia Holanda con la intención de encontrar lo antes posible una vivienda que le permitiera reunir a su familia allí; mientras tanto, Edith se marchó a Aquisgrán con sus hijas a la espera de noticias de su marido. Posteriormente partirían a Basilea.

El resto de los hermanos de Otto también emigraron; Herbert, el pequeño, se fue a Francia; por su parte, Robert, el hermano mayor, partió para Inglaterra con su esposa.

Otto, hombre emprendedor e inteligente, se desenvolvió con admirable agilidad en Holanda donde la empresa parecía ir funcionando por lo que hubo de contratar a una joven que sustituyera a la oficinista que acababa de causar baja por enfermedad. La sustituta elegida fue Miep Santrouschitz, una muchacha nacida en 1909 y que tenía poco más de veinte años; esta muchacha acabaría jugando con el tiempo un papel muy importante en la vida de los Frank, aunque para que eso sucediera aún debían de pasar muchos años; por el momento, Miep no era más que una chica holandesa encargada, en un principio, de fabricar la mermelada, y después de atender a los clientes informando y tratando de solucionar los problemas surgidos entre ellos y la empresa. Cuando la persona a la que sustituía se reincorporó al trabajo, Miep continuó en la empresa.

El nombre real de Miep era Hermine Santrouschitz y, aunque había nacido en Viena, se consideraba prácticamente holandesa, ya que tras la Primera Guerra Mundial, gracias a una organización de ayuda, fue acogida en casa de una familia holandesa que la dio cariño y alimentos durante tres meses; la salud de Miep mejoró notablemente y la buena relación que surgió entre ella y la familia adoptiva propició que la joven se decidiera a instalarse en Holanda.

Kugler fue otra de las personas implicadas en Opekta, cuya misión era la de controlar a los trabajadores de las oficinas de la empresa situada en Nieuwe Zijds Voorburgwal; su nombre completo era Víctor Gustav Kugler, un austriaco de talante serio nacido en 1900. Antes de trabajar a las órdenes de Otto, Kugler ya debió coincidir con el padre de Ana en una compañía instalada en Utrech; posteriormente Kugler se hizo cargo de una sucursal de Opekta instalada en Ámsterdam, pero el mal desarrollo de la misma le hizo abandonar su cargo para someterse a las órdenes de Otto en la sucursal de Holanda.

Mientras ultimaba detalles, Otto vivía solo en unas habitaciones alquiladas en una vivienda de Holanda; a diferencia de Kugler su mujer no estaba cerca, y para un hombre amante de su familia, como era Otto, el sentirse alejado de sus hijas era algo difícil de llevar. Cada vez que tenía algo de tiempo libre lo invertía en buscar un lugar adecuado para su familia y tras visitar varias casas finalmente encontró en Nieuwe Amsterdam-Zuid el que consideraba el hogar perfecto; una zona en desarrollo conocida como el Barrio del Río. Rápidamente le comunicó el hallazgo a Edith, quien partió para allá en compañía de su hija mayor; dos meses después, cuando todo estuvo listo, se llevaron con ellos a la pequeña Ana que había permanecido en Aquisgrán con su abuela. Ana, años más tarde, resumiría este capítulo familiar así:

> *Viví en Francfort hasta los cuatro años. Como somos judíos «de pura cepa», mi padre se vino a Holanda en 1933, donde fue nombrado director de Opekta, una compañía holandesa de preparación de mermeladas. Mi madre, Edith Holländer, también vino a Holanda en septiembre, y Margot y yo fuimos a Aquisgrán, donde vivía mi abuela. Margot vino a Holanda en diciembre y yo en febrero, cuando me pusieron encima de la mesa como regalo de cumpleaños para Margot.*

Parecía que una nueva vida estaba a punto de empezar para ellos; la familia Frank cerraba una puerta donde encerraba los horrores incipientes de los nazis para abrir otra a la esperanza; una puerta que desoyera las atrocidades cometidas contra los judíos, donde éstos no fueran discriminados sino tratados como lo que eran: personas.

Pero lo que no podían imaginar era que la distancia que les separaba del horror no les proporcionaría protección, pues los judíos estaban condenados allí donde estuvieran y acabarían por sufrir la crueldad humana.

En Alemania ya no había sitio para la esperanza; ya en 1933 la sociedad alemana al completo estaba al servicio de las SS, las SA y la Gestapo. Los negocios de los judíos fueron aniquilados; eran personas non-grata que perdieron sus trabajos y sus títulos académicos; pasaron de ser personas integradas a ser objetos sin valor, despreciados y maltratados; pronto serían encerrados como perros en los campos de concentración para morir indiscriminadamente a manos de unos locos con una ideología irracional.

Vivencias en la casa de Holanda

El 37 de Merwedeplein se convirtió finalmente en su nuevo hogar. Era una casa amplia, espaciosa para los cuatro, por lo que determinaron alquilar una habitación en la planta de arriba de su vivienda y sacarse así algo de dinero extra.

Aunque habían cambiado de casa en varias ocasiones, sus diferentes viviendas siempre adquirían de forma rápida un ambiente cálido y hogareño; un toque familiar continuamente restaurado por los muebles viejos que Edith nunca abandonaba en las mudanzas. Las investigaciones realizadas por Carol Ann Lee y plasmadas en su biografía sobre Ana Frank la llevan a describir el barrio de la siguiente manera:

> *Los edificios eran lineales y uniformes; bloques de cinco pisos de ladrillo marrón oscuro con ventanas de marcos blancos que llegaban hasta los tejados en ordenadas hileras. Estrechos pasillos y escaleras conducían desde los primeros pisos hasta calles inusualmente anchas, construidas alrededor de plazas con césped. El vecindario tenía un aspecto enérgico y contemporáneo. En la parte este fluía el río Amstel, con sus barcazas pintadas y renovadas, y el canal Josef Israelskade, bordeado de árboles, separaba al Nuevo Sur del Viejo. Waalstraat, que corría paralela a Merwedeplein, albergaba panaderías, carnicerías y cafés, donde el olor a bagels calientes impregnaba el aire. Tiendas de encurtidos mostraban en su exterior letreros que proclamaban: «¡Los mejores pepinillos de Ámsterdam!», y siempre estaban llenas de clientes que charlaban.*

Los Frank no tardaron en adaptarse al barrio donde predominaban los judíos alemanes que se habían visto obligados a abandonar su país de origen. Las niñas aun eran pequeñas; Ana tan sólo tenía cinco años, por lo que la partida no significó un cambio duro; ellas eran felices, sólo necesitaban el cariño de sus padres, y arropadas por sus progenitores pronto hicieron amigos con los que poder jugar.

Margot comenzó a asistir al curso escolar impartido por la escuela elemental de Jekerstrall, mientras que la pequeña Ana fue llevada a un conocido jardín de infancia, Montessori; allí conocería a unas niñas con las que permanecería unida durante sus años escolares; eran sus amigas Hanneli y Sanne; Ana comentará en su diario: *Hanneli y Sanne eran antes mis mejores amigas, y cuando nos veían juntas, siempre nos decían: «Allí van Anne, Hanne y Sanne».*

La opinión que Ana tenía de Hanneli o Lies, como la llamaban en el colegio era la de *una chica un poco curiosa. Por lo general es tímida, pero en su casa es de lo más fresca. Todo lo que le cuentas se lo cuenta a su madre. Pero tiene opiniones muy definidas y sobre todo últimamente le tengo mucho aprecio.*

Aunque las dos eran buenas amigas de Ana, será Hanneli Goslar quien dejará en ella una huella difícil de borrar; las dos niñas iban juntas al colegio, y vivían en casas muy cercanas, lo que propició que pasaran muchas horas del día juntas y disfrutaran de momentos divertidos aunque, como es lógico, también protagonizaron regañinas y peleas por motivos realmente ridículos aunque muy trascendentes en niñas de su edad.

Hanneli siempre significaría para Ana un buen recuerdo de la vida antes del holocausto y quizá por ello Ana dedicará unas líneas de su diario a hablar de Hanneli; la *Casa de atrás* será el lugar en el que se produzcan las reflexiones sobre esta amiga, puesto que allí los sentimientos se tornarían más fuertes y la incertidumbre acabaría minando los ánimos; Lies era parte de ese pasado resquebrajado que Ana guardaría en su memoria temerosa de no poder juntar jamás las piezas que lo constituían; habría mucho tiempo para pensar entre tanta miseria y la imagen de Hanneli comenzará a hacerse presente en la mente de su amiga que la sueña sumida en el horror que se vive en aquellos días; veamos pues lo que Ana escribió el 27 de noviembre de 1943:

> *Querida Kitty:*
> *Anoche antes de dormirme se me apareció de repente Hanneli. La vi delante de mí, vestida con harapos, con el rostro demacrado. Tenía los ojos muy grandes y me miraba de manera tan triste y con tanto reproche, que en sus ojos pude leer: —Oh, Ana, ¿por qué me has abandonado? ¡Ayúdame a salir de este infierno!—.*

Y yo no puedo ayudarla, sólo puedo mirar cómo otras personas sufren y mueren, y estar de brazos cruzados, y sólo puedo pedirle a Dios que nos la devuelva. Es nada menos que Hanneli a quién vi, nadie sino Hanneli... y comprendí. La juzgué mal, era yo demasiado niña para comprender sus problemas. Ella estaba muy encariñada con su amiga y era como si yo quisiera quitársela. ¡Cómo se habrá sentido la pobre! Lo sé, yo también conozco muy bien ese sentimiento. A veces, como un relámpago, veía cosas de su vida, para luego, de manera muy egoísta volver a dedicarme a mis propios placeres y problemas.

La niña a la que Ana se refiere cuando dice aquello de *ella estaba muy encariñada con su amiga,* era una pequeña que estudiaba en la misma escuela que Margot y que, al igual que Lies, solía ir a la Sinagoga todos los domingos por la mañana. Ana sentía celos de esa niña y de *la amistad religiosa* que las unía, y es que Ana, por aquella época, era una niña bastante mimada y consentida principalmente por su padre, y a la que molestaba profundamente que la atención no recayera en ella; cualquier persona que destacara más en su entorno le provocaba unos incontenibles celos, pero el principal foco de los mismos era y sería su perfecta e inteligente hermana mayor, Margot; y continúa escribiendo:

No hice muy bien en tratarla así y ahora me miraba con su cara pálida y su mirada suplicante, tan desamparada. ¡Ojalá pudiera ayudarla! ¡Dios mío, cómo es posible que yo tenga aquí todo lo que se me antoja, y que el cruel destino a ella la trate tan mal! Era tan piadosa como yo, o más, y quería hacer el bien, igual que yo; entonces, ¿por qué fui yo elegida para vivir y ella tal vez haya tenido que morir? ¿Qué diferencia había entre nosotras? ¿Por qué estamos tan lejos una de otra?

A decir verdad, hacía meses, o casi un año, que la había olvidado. No del todo, pero tampoco la tenía presente con todas sus desgracias.

¡Ay!, Hannneli, espero que si llegas a ver el final de la guerra y a reunirte con nosotros, pueda acogerte para compensarte en parte el mal que te he hecho.

Pero cuando vuelva a estar en condiciones de ayu-
darla, no precisará mi ayuda tanto como ahora. ¿Pensará
alguna vez en mí? ¿Qué sentirá?
   Dios bendito, apóyala, para que al menos no está sola.
¡Si pudieras decirle que pienso en ella con amor y com-
pasión, quizá eso le dé fuerzas para seguir aguantando!
   No debo seguir pensando, porque no encuentro ninguna
salida. Siempre vuelvo a ver sus grandes ojos, que no me
sueltan. Me pregunto si la fe de Hanneli es suya propia, o
si es una cosa que la han inculcado desde fuera. Ni siquiera
lo sé, nunca me he tomado la molestia de preguntárselo.

Ana se hace esta última pregunta en torno al sentimiento religioso de su amiga porque los padres de Lies eran muy religiosos, hasta el punto de que su padre, Hans Goslar, había sido uno de los fundadores del Mizrachi alemán porcionista. Los Frank, por el contrario, no eran excesivamente religiosos; la señora Edith solía leer a sus hijas la Biblia infantil y se sentía a gusto relacionándose con la congregación judía liberal; mientras que Otto, únicamente acudía a la Sinagoga de forma esporádica pero indiscutiblemente esta actitud tan diferente de la pareja se verá reflejada en sus hijas. Margot, siempre cerca de su madre, será una niña devota que incluso pensará, cuando su edad lo permita, en irse como enfermera a Palestina; mientras que Ana no sentía una predilección especial ni por la religión, ni por el hebreo, y cuando podía eludía el deber de ir a la Sinagoga para quedarse haciendo compañía a su adorado padre.

   Hanneli, Hanneli, ojalá pudiera sacarte de donde estás,
ojalá pudiera compartir contigo todas las cosas que dis-
fruto. Es demasiado tarde. No puedo ayudar ni remediar
todo lo que he hecho mal. ¡Pero nunca la olvidaré y siem-
pre rezaré por ella!

El miércoles 29 de diciembre de 1943, Ana vuelve a recordar a su amiga; la idea de que pueda estar sufriendo la atormenta sin descanso, es como si Hanneli tratara de comunicarse con ella para pedirle ayuda:

> *¿Y Hanneli?¿Vivirá aún? ¿Qué estará haciendo? ¡Dios querido, protégela y haz que vuelva a estar con nosotros! Hanneli, en ti veo siempre cómo podría haber sido mi suerte, siempre me veo a mí misma en tu lugar. (…).*

Ana nunca llegará a saber qué fue de su amiga pero las pesadillas que protagonizó Hanneli en la mente de la pequeña de los Frank acabarán por atraparla también a ella, y en cambio Lies, por muchas oscuras premoniciones que Ana tuviera en torno a ella, lograría sobrevivir a la guerra. Con estos recuerdos hacia Lies, Ana encontrará por fin a Dios, y lo hará gracias al sufrimiento imaginado de su amiga ya que se dará cuenta de que ella no puede hacer nada y, por tanto, la única solución será tener confianza en ese Dios que ayuda a los desvalidos. Ana encontrará finalmente la fe aunque para ello deberá recorrer previamente un intenso camino.

Ana fue educada en un ambiente tan liberal como permitía la mentalidad de la época, y pronto comenzaría a definirse como una chica despierta y charlatana llena de creatividad. Hanneli y Sanne eran vecinas de Ana; Sanne vivía en el número 37 de Noorder Amstellaan, en el mismo barrio, mientras que Hanneli residía en el número 31 de Merwedeplein, justo en el piso de abajo. Este hecho implicaría directamente el acercamiento entre los padres de las niñas, hasta el punto de que Hans Goslar acabará poniendo un negocio con el padre de Sanne consistente en ayudar a los judíos exiliados con dificultades económicas. Pero la amistad que realmente llegó a fructificar fue la entablada entre los padres de Ana y los de Hanneli, que solían reunirse para pasar juntos las celebraciones religiosas.

Pronto la familia se adaptó a vivir en Holanda; las niñas aprendieron rápidamente el idioma, sin apenas esfuerzo, al igual que sucedió con su padre quien poseía una habilidad especial para asimilar la nueva lengua; pero a diferencia de ellos tres, Edith siempre guardó un recuerdo nostálgico de Alemania; su adaptación fue más lenta y costosa y el idioma se la resistía.

Para contentar a su esposa, Otto llevó a su familia el verano de 1934 a Aquisgrán; los Frank solían pasar sus vacaciones veraniegas bien en la playa, bien en Sils-María, en la villa de los Spitzer. Pese a todo lo que sucedía a su alrededor, ése fue un buen año para la familia Frank; los negocios de Otto empezaban a despuntar y la familia estaba unida; las niñas crecían felices, todo parecía ir bien. La leve mejoría del negocio animó a Otto a cambiar de sitio la oficina y así fue como la trasladó al 400 de Singel.

El tiempo pasaba y las pequeñas iban creciendo; Margot era una niña muy inteligente y trabajadora que gustaba de hacer sus tareas escolares en silencio, era muy responsable y educada, mientras que Ana era una joven inquieta; un torbellino de energía que no pasaba desapercibido, era creativa y estaba llena de vida pero siempre se pensó que no era tan inteligente como Margot a su edad; aunque su carácter hacía que siempre estuviera rodeada de otros niños a los que contagiaba su entusiasmo. Eran dos hermanas muy opuestas en carácter a las que unía una peculiaridad, ambas tenían una salud delicada. Margot tenía frecuentes problemas de estómago mientras que Ana tenía fiebres reumáticas y un corazón algo delicado. En su diario Ana comenta respecto a sus males: *llegué a casa a las 5, pues había gimnasia (aunque no me dejan participar porque se me dislocan fácilmente los brazos y piernas) y como juego de cumpleaños elegí el voleibol para que jugaran mis compañeras* y es que Ana era una niña bastante frágil.

En Ámsterdam, de momento, los judíos podían llevar una vida aparentemente normal, aunque la situación que se vivía en Alemania era alarmante; allí podían leerse pintadas como las siguientes:

Deutsche!!! Kauft nichot beim Juden

Alemanes, no compréis a los judíos, grafitis que comenzaban a ser increíblemente corrientes. Los nazis empezaron a perseguir y a arruinar los negocios de los judíos, a lo que seguiría, como todos bien sabemos, su exterminio en los campos de concentración. Entre 1934 y 1935, 69.000 judíos hubieron de abandonar Alemania; muchos judíos polacos se dirigieron a Palestina.

La concepción del Estado que poseía Hitler le animó a luchar por un espacio que permitiera a la raza superior contar con un óptimo nivel de vida. Esta idea fue pronto puesta en práctica, y fruto de la misma fueron las leyes antisemitas de Nuremberg que el Reichstag aprobó por unanimidad:

> *Art. 2.2. Sólo puede ser ciudadano del Reich el súbdito de sangre alemana o sangres afines que, por medio de su conducta, demuestren tener el deseo y la aptitud para servir con fidelidad al Reich y la nación alemana. Penetrado el conocimiento de que la pureza de la sangre alemana es condición indispensable para la supervivencia del pueblo alemán y animado por la férrea voluntad de defender a la nación frente a cualesquiera contingencias, el Reichstag ha aprobado por unanimidad la siguiente ley: (...)*
>
> *Art. 1.1. Quedan prohibidas las uniones matrimoniales entre judíos y súbditos de sangre alemana o encontrados con ella. No serán considerados válidos los matrimonios contraídos en contra de esta disposición, aun cuando se hubieran verificado en el extranjero para eludir sus preceptos.*

La estrategia de Hitler, que perseguía dicho fines, se podría resumir en dos situaciones: por un lado, la revisión del Tratado de Versalles, donde denunció públicamente sus cláusulas y obligó a reclutar y a jurar lealtad a todos los hombres de Alemania que no fuesen judíos; esto ocurrió en marzo de 1935. Y por otro, la creación del Gran Reich. En el mes de octubre, Alemania se desvinculó de la Sociedad de Naciones y comenzó, ante el asombro del resto de los países, a rearmarse. La preocupación creciente hizo que Gran Bretaña y Francia firmasen un acuerdo con Rusia para profesarse mutuo apoyo, pero el pacto se rompió cuando Gran Bretaña firmó un tratado con Alemania en el que les cedía un tercio de su armada y submarinos.

Al mismo tiempo, Alemania trató de unirse con Austria asesinando al canciller Dollfus a manos de nazis austriacos, pero la reacción de Mussolini no se hizo esperar y rápidamente envió una serie de tropas al Brennero, ya que, al igual que Alemania, aspiraba a tener posesiones en Austria. Esta pronta reacción obligó a Hitler a retroceder. La preocupación hizo que Francia, Inglaterra e Italia tratasen de ponerse de acuerdo en la conferencia de Stressa para enfrentarse a Alemania, pero de poco serviría, ya que no tardando mucho quedaría al descubierto su debilidad. Hitler se percató de tal flaqueza y en 1935, gracias a una acertada y certera propaganda, logró que el plebiscito del Sarre fuera favorable a la integración de dicha zona a Alemania.

Por otra parte, en 1936, Hitler ocupó de nuevo la zona de Renania que estaba desmilitarizada, y lo hizo argumentando que el pacto firmado por la URSS y Francia para prestarse una ayuda mutua iba en contra de Locarno. Renania fue ocupada por los alemanes y Francia no reaccionó ante tal ocupación, lo que supuso un mazazo al intento de mantener desmilitarizada la zona por parte de la Sociedad de Naciones.

En este mismo año, tuvo lugar el inicio de la Guerra Civil española, que para muchos ha sido considerada la antesala de la Segunda Guerra Mundial. Una vez que Franco dio el golpe, las potencias europeas decidieron no intervenir, pero lo que sucedió en realidad fue algo completamente diferente, puesto que Alemania e Italia sí que prestaron apoyo al bando nacionalista. Italia lo hizo para lograr con ello la hegemonía del Mediterráneo y para poder poner a prueba sus armas; mientras que Alemania actuó por una serie de razones que Duroselle, J.B. explica de la siguiente manera:

La guerra de España fue beneficiosa para Hitler en todos los aspectos. Le demostró una vez más la falta de energía de las democracias. Le permitió probar con toda comodidad el material de su nuevo ejército. Cuando acabó en 1939 con la victoria de Franco, Hitler tuvo, en las fronteras meridionales de Francia, un régimen amigo. La guerra de España fundamentó, mucho más que la guerra de Etiopía, la solidaridad entre la Alemania nazi y la Italia fascista. Ésta, al alejarse de los acuerdos de Stressa, se inclinaba hacia el otro campo (...). Pero lo más curioso estriba en que Mussolini envió a sus mejores tropas a España para ayudar a Franco y, puesto que muchos soldados italianos estaban en Etiopía, a partir de este momento fue incapaz de impedir el Anschulss. Así lo presintió, y disimuló su fracaso afirmando que en lo sucesivo *Italia se sentía mucho más interesada por el Mediterráneo,* Mare Nostrum, *que por la Europa danubiana.*

Por su parte, la Unión Soviética destinó a esta guerra material bélico, y las Brigadas Internacionales ayudaron a la República al tiempo que Francia permitía, en ciertas ocasiones, que por sus territorios circulasen tropas y material con destino a España.

En este panorama histórico, el negocio de Opekta parecía prosperar gracias, en buena parte, al dinero que Otto había invertido en publicidad donde se aseguraba que el hacer mermelada casera parecía algo al alcance de cualquiera. Otto, que como hemos dicho en reiteradas ocasiones era una bellísima persona, pronto empezó a sentir un profundo afecto por su joven empleada Miep, un cariño que quiso compartir en todo momento con su familia, y de este modo, cuando supo que Miep salía con un joven holandés algo mayor que ella, Jan Gies, intentó a toda costa que su familia lo conociera, así que decidió invitarlos a cenar; Jan acudió a la invitación encantado y, al parecer, el entusiasmo fue mutuo, pues Jan causó muy buena impresión entre la familia, con el tiempo la pareja contraería matrimonio e invitaría a la ceremonia a los Frank. Ana en su diario hace un breve comentario en torno a la pareja: *A las once llegaron Miep y Jan Gies. Miep trabajaba desde 1933 para papá y se ha hecho íntima amiga de la familia, al igual que su flamante marido Jan.*

Ana y Margot iban creciendo en un ambiente totalmente integrado, su madre escribía cartas a los familiares donde les relataba la buena evolución de las niñas, Margot, siempre tan prudente y correcta se encaminaba hacia la adolescencia, Ana, la revoltosa, continuaba en el jardín de infancia. Todos los que tuvieron contacto con Ana la recordaban como una niña inquieta y muy coqueta de grandes ojos; unos ojos de color grisáceo con motitas verdes a la que le gustaba seducir a los chicos, su lista de conquistas fue más bien amplia. Peter Van Dann, al hablar con ella en el escondite, le dirá que la recordaba *siempre rodeada de dos o más chicos y un grupo de chicas. Siempre te reías y eras el centro de atención.* Ella misma cuenta que ya comenzó a sentir una inclinación por el otro sexo cuando estaba en el jardín de infancia. Ya entonces quiso seducir a un chico, Rally Kimmel; este joven fue el primero en llamar su atención, pero quien verdaderamente fue su gran amor fue Peter Schiff, al que ella llamaba cariñosamente Petel, y así se lo contó a su querida *Kitty*:

Cuando era aún muy pequeña, pero ya iba al jardín de infancia; mi simpatía recayó en Rally Kimmel. Su padre había muerto y vivía con su madre en casa de una tía. Un primo de Sally, Appy, era un chico guapo, esbelto y moreno que más tarde tuvo el aspecto de un perfecto actor de cine y que cada vez despertaba más admiración que el gracioso, bajito y rechoncho de Sally. Durante algún tiempo anduvimos mucho juntos, aunque mi amor nunca fue correspondido, hasta que se cruzó Peter en mi camino y me entró un amor infantil el triple de fuerte. Yo también le gustaba y durante todo un verano fuimos inseparables. En mis pensamientos aún nos veo agarrados de la mano por la Zuider Amstellaan, él con su traje de algodón blanco y yo con un vestido corto de verano. Cuando acabaron las vacaciones de verano, él pasó a primero de secundaria y yo a sexto de primaria. Me pasaba a recoger al colegio o yo a él. Peter era un muchacho hermoso, alto, guapo, esbelto, de aspecto serio, sereno e inteligente. Tenía el pelo oscuro y hermosos ojos castaños, mejillas marrón-rojizas y la nariz respingona. Me encantaba sobre todo su sonrisa, que le daba un aire pícaro y travieso.

En las vacaciones me fui afuera y al volver no encontré a Peter en su antigua dirección; se había mudado de casa y vivía con un muchacho mucho mayor que él. Éste le hizo ver seguramente que yo no era más que una chiquilla tonta, y Peter me dejó. Yo lo amaba tanto que no quería ver la realidad y me seguía aferrando a él, hasta que llegó el día en que me di cuenta de que si seguía detrás de él, me tratarían de «perseguidora de chicos».

Pasaron los años. Peter salía con chicas de su edad y ya ni me saludaba. Empecé a ir al liceo judío, muchos chicos de mi curso se enamoraron de mí, a mí eso me gustó, me sentí honrada, pero por lo demás no me hizo

60

nada. Más adelante, Hello estuvo loco por mí, pero como ya te he dicho, nunca más me enamoré.

Ana en su diario dice de ella que era *terriblemente coquetona y divertida* y confesaba que, gracias a ciertas aptitudes personales tales como su esmero, sinceridad y generosidad, lograba obtener el favor de los que la interesaban, aunque confesaba que, en la mayor parte de las ocasiones, los jóvenes adolescentes se quedaban prendados de ella sin necesidad de hacer nada para intentar conquistarlos, y así lo expresa en su diario en junio de 1942:

Supongo que te extrañará un poco que a mi edad te esté hablando de admiradores. Lamentablemente, aunque en algunos casos no tanto, en nuestro colegio parece ser un mal ineludible. Tan pronto como un chico me pregunta si me puede acompañar a casa en bicicleta y entablamos una conversación, nueve de cada diez veces puedes estar segura de que el muchacho en cuestión tiene la maldita costumbre de apasionarse y no quitarme los ojos de encima. Después de algún tiempo, el enamoramiento se les va pasando, sobre todo porque yo no hago mucho caso de sus miradas fogosas y sigo pedaleando alegremente. Cuando a veces la cosa se pasa de castaño oscuro, sacudo un poco la bici, se me cae la cartera, el joven se siente obligado a detenerse para recogerla, y cuando me la entrega yo ya he cambiado completamente de tema. Éstos son sino los más inofensivos; también los hay que te tiran besos o que intentan cogerte el brazo, pero conmigo lo tienen difícil: freno y me niego a seguir aceptando su compañía, o me hago la ofendida y les digo sin rodeos que se vayan a su casa.

Pero ya en la *Casa de atrás* criticará esa forma de ser por considerarla superficial; esto consta en sus escritos con fecha del 7 de marzo de 1944:

¿Cómo me veían en el colegio? Como la que dirigía las bromas y los chistes, siempre haciendo el gallito y

nunca de mal humor y lloriqueando. No era de sorpren-
der que a todos les gustara acompañarme al colegio en
bici o cubrirme de atenciones.
*   Veo a esa Ana Frank como a una niña graciosa, divertida,*
pero superficial, que no tiene nada que ver conmigo. (...)
*   ¿Qué es lo que ha quedado de aquella Ana Frank? Ya*
sé que he conservado mi sonrisa y mi manera de respon-
der, y que aún no he olvidado cómo criticar a la gente, e
incluso lo hago mejor que antes, y que sigo coqueteando
y siendo divertida cuando quiero...
*   Ahí está el quid de la cuestión: una noche, un par de*
días, una semana me gustaría volver a vivir así, aparen-
temente despreocupada y alegre. Pero al final de la semana
estaría muerta de cansancio y al primero que se le ocu-
rriera hablarme de algo interesante le estaría enorme-
mente agradecida. No quiero admiradores, sino amigos,
no quiero que se maravillen por mi sonrisa lisonjera, sino
por mi manera de actuar y mi carácter. Sé muy bien que
en ese caso el círculo de personas en torno a mí se redu-
ciría bastante, pero ¿qué importaría que no me queda-
ran sino una pocas personas? Pocas, pero sinceras.

Ana era una niña de ciudad; no sentía un interés especial por la naturaleza, aunque tal sentimiento acabará floreciendo en la *Casa de atrás* de una forma muy intensa, hasta que aquel interés de encontrarse plena en la naturaleza se produzca, Ana se orientaba por aspectos más superficiales como el vestir bien o el ir peinada a la moda. Era una niña y vivía en una nube, arropada por su familia y completamente ciega, aunque no estaría ausente de la realidad por mucho tiempo, pues una situación tan extrema como la que se estaba viviendo acabaría por afectarla tarde o temprano.

1937 fue un año crucial para Otto, pudo ir de nuevo a Alemania antes de que estallara la guerra y pudo contemplar una imagen realmente desoladora. En ese año 25.000 judíos hubieron de abandonar Alemania y era necesario que en todo momento llevaran a la vista su condición religiosa. Las locas ambiciones de Hitler estaban dispuestas a llevarse por delante a quien hiciera falta. Hitler parecía tener claros sus objetivos, los cuales vendrían a ser, a largo plazo, el enfrentamiento con la Unión Soviética, Gran Bretaña y Estados Unidos por considerarlos unos fuertes adversarios en ese intento de alcanzar la hegemonía mundial. El período comprendido entre 1936 y 1939 se orientaba a la consecución de territorios tal y como acredita el ataque a Polonia; si en 1936 se produjo la ocupación de Renania, en 1938 del mismo mes tuvo lugar la anexión de Austria, lo que acabaría por proporcionarles el control sobre la Europa meridional y suroriental. Los judíos austriacos no tardaron en padecer la crueldad nazi; se les sometió a trabajos vejatorios y sus libertades fueron minadas; muchos optaron por el suicidio al ver cómo se les despreciaba y humillaba. La situación vivida fue espeluznante y así la recoge en su libro la escritora Carol Ann Lee:

> *Durante septiembre y octubre de 1938 fueron destruidos siete mil negocios judíos, quemadas 131 sinagogas, 91 judíos asesinados y otros 30.000 hombres deportados a los campos de concentración de Buchenwald, Dachau y Sachsenhausen. La sinagoga de Aquisgrán donde Otto y Edith se habían casado en 1925 fue incendiada y su rabino, David Schoenberger, y la mayoría de los miembros de su congregación, detenidos. (…) En Berlín se expulsó a 8.000 judíos de sus casas. Los manuscritos del Torá y los libros sagrados judíos fueron quemados en enormes piras en medio de los vecindarios judíos. El 20 por ciento de las propiedades pertenecientes a judíos fue confiscado y los negocios que quedaban, expropiados. Se estableció una multa de mil millones a los judíos de Alemania. (…) Los negocios de los judíos fueron vendidos a los comerciantes arios y a los judíos se les prohibió acudir a un gran número de lugares públicos. Los que desobedecían se arriesgaban a ser enviados al campo de prisioneros o, en algunos casos, a ser ejecutados.*
> *El pánico reinaba en Alemania y la gente se preparaba para huir rápidamente, consciente de que empezaba a negarse el asilo a los refugiados en muchos países. 250.000 judíos*

habían emigrado a otros lugares por aquel entonces, algunos tan lejanos como Shanghai. En diciembre de 1938 miles de niños judíos alemanes llegaron a Gran Bretaña, sin saber cuándo o si alguna vez volverían a ver a sus familias.

Por otro lado, Alemania también se aventuró a ocupar Checoslovaquia bajo el pretexto de atender a la minoría alemana del sudeste, lo que provocó directamente la partida por parte de Francia y Gran Bretaña de la Europa centroriental. La guerra parecía imparable, pues la expansión japonesa en Asia y la alemana en Europa no parecía tener una solución diplomática, aunque potencias tales como Gran Bretaña, Francia o Estados Unidos no pensaban realmente que todo estuviera perdido y, tras la conferencia de Munich en 1938, se mantuvieron firmes en este pensamiento, pues consideraban que la cesión de ciertos territorios limítrofes con el Reich había sido suficiente para frenar sus ansias de poder y rivalidad; lo que no sabían era que las cosas estaban muy lejos de ser zanjadas, pues no habían hecho más que empezar y así la política de pacificación de las democracias occidentales con el primer ministro británico, Neville Chamberlain, quedaba desmentida, cuando en 1939 Alemania ocupó Praga.

1938 pasó con mayor o menor trascendencia por la vida de los Frank; las niñas eran felices, pero sus padres vivían con la angustia de la incertidumbre. ¿Alemania recobraría la sensatez o todo estaba perdido? Margot seguía con sus resultados brillantes en la escuela, y Ana, tan opuesta en carácter, comenzaba a obtener resultados igualmente sobresalientes aunque su comportamiento en las clases no pasaba desapercibido, y un claro ejemplo de ello es la anécdota que ella misma cuenta a su querido diario *Kitty*:

> *Con todos mis profesores y profesoras me entiendo bastante bien. Son nueve en total: siete hombres y dos mujeres. El profesor Keesing, el viejo de matemáticas, estuvo un tiempo muy enfadado conmigo porque hablaba demasiado. Me previno y me previno, hasta que un día me castigó. Me mandó hacer una redacción; tema «la parlanchina». ¡La parlanchina! ¿Qué se podría escribir sobre*

ese tema? Ya lo vería más adelante. Lo apunté en mi agenda, guardé la agenda en mi cartera y traté de tranquilizarme.

Por la noche, cuando ya había acabado con todas las demás tareas, descubrí que todavía me quedaba la redacción. Con la pluma en la boca, me puse a pensar en lo que podía escribir. Era muy fácil ponerse a desvariar y escribir lo más espaciado posible, pero dar una prueba convincente de la necesidad de hablar ya resultaba más difícil. Estuve pensando y repensando, luego se me ocurrió una cosa, llené las tres hojas que me había dicho el profe y me quedé satisfecha. Los argumentos que había aducido eran que hablar era propio de las mujeres, que intentaría moderarme un poco, pero que lo más probable era que la costumbre de hablar no se me quitara nunca, ya que mi madre hablaba tanto como yo, si no más, y que los rasgos hereditarios eran muy difíciles de cambiar.

Al profesor Keesing le hicieron mucha gracia mis argumentos, pero cuando en la clase siguiente seguí hablando, tuve que hacer una segunda redacción esta vez sobre «la parlanchina empedernida». También entregué esa redacción, y Keesing no tuvo motivo de queja durante dos clases. En la tercera, sin embargo, le pareció que había vuelto a pasarme de la raya. «Ana Frank, castigada por hablar en clase. Redacción sobre el tema: Cuacuá, cuacuá, cantaba la rana».

Todos mis compañeros soltaron la carcajada. No tuve más remedio que reírme con ellos, aunque ya se me había agotado la inventiva en lo referente a las redacciones sobre el parloteo. Tendría que ver si le encontraba un giro original al asunto. Mi amiga Sanne, poetisa excelsa, me ofreció su ayuda para hacer la redacción en verso de principio a fin, con lo que me dio una gran alegría. Keesing quería ponerme en evidencia mandándome hacer una redacción sobre un tema tan ridículo, pero con mi poema yo le pondría en evidencia a él por partida triple.

Logramos terminar el poema y quedó muy bonito. Trataba de una pata y un cisne que tenían tres patitos.

*Como los patitos eran tan parlanchines, el papá cisne los
matò a picotazos. Keesing por suerte entendió y soportó
la broma; leyó y comentó el poema en clase y hasta en
otros cursos. A partir de entonces no se opuso a que
hablara en clase y nunca me castigó; al contrario, ahora
es él el que siempre está gastando bromas.*

Mientras los acontecimientos lo permitieron, los Frank siguieron
viajando a Ámsterdam y a los lagos a la par que recibían la visita de
varios de sus familiares. Otto comenzó a darle vueltas a la idea de
crear otro negocio, finalmente se resolvió a hacerlo; creó la compañía Pectacon con la intención de ganar algo más de dinero en unos
tiempos que avecinaban dificultades. Esta nueva empresa trataba
principalmente con especias, y para ponerla en marcha, se valió de
unos hombres de confianza; Johannes Kleiman fue nombrado super-
visor de la empresa, mientras que Hermann van Pels asumió el cargo
de asesor; y todos trabajaban bajo las órdenes de Otto, el director.

Con esta nueva empresa que importaba las mercancías de Hungría
y exportaba a Bélgica, entra en juego la otra gran figura que destaca
en la vida de los Frank: Hermann van Pels, con cuya familia com-
partirán escondite en la *Casa de atrás*. Este alemán nacido en 1898,
ya estuvo a cargo de un negocio familiar y comerció con especias,
por lo que indudablemente era una persona capacitada para el trabajo con un experto conocimiento de las mismas y las posibles formas de mezclarlas. Al igual que él su mujer, con la que contrajo
matrimonio en 1925, era judeoalemana. Ana no tendrá una relación
muy cordial con ella en el escondite, pues Auguste, que así se llamaba, tenía una insistente fijación en corregir y regañar a la joven:

*Hay algunas personas a las que parece que les diera
un placer especial educar no sólo a sus propios hijos, sino
también participar en la educación de los hijos de sus
amigos. Tal es el caso de Van Daan. A Margot no hace
falta educarla porque es la bondad, la dulzura y la sapien-
cia personificadas; a mí, en cambio, me ha tocado en
suerte ser maleducada por partida doble.* Ana y Auguste
discreparán con frecuencia en sus opiniones lo que les

llevará, como es lógico, a estar continuamente enfrenta-das: *Hasta ahora siempre me ha dejado perpleja tanta grosería y, sobre todo, tanta estupidez (de la señora Van Daan). Pero tan pronto como esté acostumbrada, y ya no falta mucho, les pagaré con la misma moneda. ¡Ya no vol-verán a hablar del mismo modo! ¿Es que realmente soy tan maleducada, tan terca, tan caprichosa, tan poco modesta, tan tonta, tan haragana, etc., etc., como dicen los de arriba? Claro que no. Ya sé que tengo muchos defec-tos y que hago muchas cosas mal, ¡pero tampoco hay que exagerar tanto! Si supieras, Kitty, cómo a veces me hierve la sangre cuando todos se ponen a gritar y a insultar de ese modo. Te aseguro que no falta mucho para que toda mi rabia contenida estalle.*

Un año después de contraer matrimonio nacería su hijo Peter. La opinión de Ana con respecto a él irá cambiando con el tiempo, de ser considerado *quisquilloso y vago* pronto empezará a verle con una mirada afectiva y amorosa:

En cualquier momento en que subo arriba, es siempre con intención de verlo a «él». Mi vida aquí realmente ha mejorado mucho, porque ha vuelto a tener sentido y tengo algo de qué alegrarme.
El objeto de mi amistad al menos está siempre en casa y, salvo Margot, no hay rivales que temer. No te creas que estoy enamorada, nada de eso, pero todo el tiempo tengo la sensación de que entre Peter y yo algún día nacerá algo hermoso, algo llamado amistad y que dé confianza. Todas las veces que puedo, paso por su habitación y ya no es como antes, que él no sabía muy bien qué hacer conmigo. Al contrario, sigue hablándome cuando ya estoy saliendo.

Y es que aunque Ana se empeñe en negarlo entre ambos jóve-nes surgirá el amor; y ese amor ayudará a que Ana se vuelva más fuerte ya que le abrirá las puertas a la esperanza y todo se volverá más bello ante sus ojos.

La familia Van Daan vivió en un piso de Matinistrasse, Osnabrück, pero debido a la amenaza nazi hubieron de mudarse a Ámsterdam en 1937; primeramente alquilaron un piso, pero dos años después compraron una casa justo detrás de la residencia de los Frank, en el 34 de Zuider Amstellaan. Osnabrück no paraba de recibir judíos exiliados con ansias de libertad y de alejarse de la terrible situación a la que les sometía Alemania, por lo que todos habían llegado a convertirse en una gran familia con los mismos miedos e ilusiones.

Durante 1940-1941, los Van Pels o Van Daan, como Ana los llama en su diario, tuvieron un inquilino en su casa, Max Van Creveld, con el que obtendrán, gracias al alquiler, un dinero extra. Los Van Pels y los Frank siempre mantuvieron una buena relación, aunque en la *Casa de atrás* surgieron roces, producto de los largos años de encierro bajo el mismo techo para alejarse de la amenaza nazi.

Los judíos seguían llegando a Holanda, así como a otros enclaves; y el barrio de Ana acabaría convirtiéndose en una especie de comunidad judía donde todos, como si de una gran familia se tratase, procuraban ayudarse para lograr una pronta y progresiva integración.

Los que llevaban más tiempo en el país extraño trataron de que los recién llegados conocieran a holandeses que les ayudaran a encontrar un trabajo que les abriera la puerta a un futuro digno; y una de las personas más activas en este intento de ayudar a los judíos recién llegados a Holanda fue el bueno de Otto Frank. En este acto solidario, el círculo de conocidos del señor Frank iba en rápido aumento al tiempo que los vínculos que ya existían entre muchos de ellos se iban estrechando; y fue precisamente en este período de tiempo cuando el padre de Ana entablará amistad con la última persona encargada de completar el aforo de la *Casa de atrás*, Fritz Pfeffer o también llamado por Ana en su diario Albert Dussel. Este hombre era un dentista judío que se había visto obligado, al igual que muchos otros, a exiliarse a Holanda y fue a parar, no por casualidad, al Barrio del Río. En este barrio eminentemente judío se instaló con su novia Charlotta Kaletta, una muchacha de diecinueve años que contaba ya con un matrimonio fallido a sus espaldas y un hijo fruto del mismo, hecho que la vinculaba todavía más al señor Dussel, pues este hombre nacido en 1889 también había pasado por un divorcio y su hijo era la única prueba del amor que un día compartió con su primera mujer.

Ana, en un principio entusiasmada con la idea de acoger a otro inquilino en la *Casa de atrás,* no tardará en sentirse decepcionada con el señor Dussel, ya que no resultó ser en absoluto un soplo de aire fresco como ella pensaba, sino una persona maniática y anticuada, y así lo describe poco tiempo después de que se hubiera instalado en el escondite:

> *El señor Dussel, el hombre que siempre decían que se entendía tan bien con los niños y que los quería mucho a todos, ha resultado ser un educador de lo más chapado a la antigua, a quien le gusta soltar sermones interminables sobre buenos modales y buen comportamiento. Dado que tengo la extraordinaria dicha (!) de compartir mi lamentablemente muy estrecha habitación con este archidistinguido y educado señor, y dado que por lo general se me considera la peor educada de los tres jóvenes de la casa, tengo que hacer lo imposible para eludir sus reiteradas regañinas y recomendaciones de viejo y hacerme la sueca. Todo esto no sería tan terrible si el estimado señor no fuera tan soplón y, para colmo de males, no hubiera elegido justo a mamá para irle con el cuento. Cada vez que me suelta un sermón, al poco tiempo aparece mamá y la historia se repite. Y cuando estoy realmente de suerte, a los cinco minutos me llama la señora Van Daan a pedirme cuentas, y ¡vuelta a empezar!*

El tiempo pasa lentamente en la *Casa de atrás* y Dussel, el estupendo cirujano maxilar, pronto empezará a ejercer su profesión de odontólogo con sus convecinos; la primera en pasar por su consulta sería la señora Van Daan; Ana narra el suceso de la siguiente forma:

> *Dussel ha abierto su consulta de dentista. Para que te diviertas, te contaré cómo ha sido el primer tratamiento. Mamá estaba planchando la ropa y la señora Van Daan, la primera víctima, se sentó en un sillón en medio de la habitación. Dussel empezó a sacar sus cosas de una cajita con*

mucha parsimonia, pidió agua de colonia para usar como desinfectante, y vaselina para usar como cera. Le miró la boca a la señora y le tocó un diente y una muela, lo que hizo que se encogiera de dolor como si se estuviera muriendo, emitiendo al mismo tiempo sonidos ininteligibles. Tras un largo reconocimiento (según le pareció a ella, porque en realidad no duró más que dos minutos), Dussel empezó a quitar una caries. Pero ella no se lo iba a permitir. Se puso a agitar frenéticamente brazos y piernas, de modo que en determinado momento Dussel soltó el utensilio para escarbar ¡que a la señora se le quedó clavado en un diente! ¡Ahí si que se armó la gorda! La señora empezó a hacer aspavientos, lloraba (en la medida en que eso es posible con un instrumento así en la boca), intentaba sacarse el objeto de la boca, pero en vez de salirse, se le iba metiendo más. Dussel observaba el espectáculo con toda la calma del mundo, con las manos en la cintura. Los demás espectadores nos moríamos de risa, lo que estaba muy mal, porque estoy segura de que yo misma hubiera gritado más fuerte aún. Después de mucho dar vueltas, patalear, chillar y gritar, la señora logró quitarse el desagradable objeto y Dussel, sin inmutarse, continuó su trabajo. Lo hizo tan rápido que a la señora ni le dio tiempo de volver a la carga. Es que Dussel contaba con más ayuda de la que había tenido jamás: el señor Van Daan y yo éramos sus dos ayudantes, lo cual no era poco. La escena parecía una estampa de la Edad Media, titulada «curandero en acción». Entretanto la señora no se mostraba muy paciente, ya que tenía que hacerse cargo de su tarea de vigilar la sopa y la comida. Lo que es seguro es que la señora dejará pasar algún tiempo antes de pedir que le hagan otro tratamiento.

Ana, aunque se divirtió mucho con esta escena, siempre sentirá una especial antipatía por el señor Dussel al que no llegará a tratar hasta varios años después en el escondite tal y como ya se ha comentado.

Otto atendía a los judíos que precisaban su ayuda, pero lógicamente no desatendía sus negocios, especialmente Pectacon. La verdad es que iba funcionando bastante bien para los tiempos que corrían; el señor Van Pels era un experto en especias y Kugler, que pronto destacó como un buen discípulo, no tardó en aventurarse con la manipulación de las mismas.

Miep seguía trabajando para Otto pero el aumento del trabajo obligó a Otto a contratar a otra empleada, Bep Voskuijl, una joven holandesa nacida en 1919 que trabajaría como mecanógrafa. Pronto la muchacha se ganó el respeto del resto de los trabajadores con los que congenió estupendamente, y lo mismo ocurrió con la familia Frank, que mantuvo con ella un trato similar al que mostró con Miep, es decir, se convirtió en una amiga más que en una empleada y así todos juntos disfrutaron de buenos momentos en compañía, como no, de las dos hijas de los Frank. Ana, en su diario, la describirá con las siguientes palabras:

> *La novena* —porque la descripción de Bep es una más de la serie de descripciones que Ana realiza sobre las personas que, con mayor o menor frecuencia, solían comer en el escondite; a parte de la familia Van Dann, los Frank y Dussel— *no forma parte de la familia de la* Casa de atrás, *pero sí es una convecina y comensal. Bep tiene buen apetito. No deja nada, no es quisquillosa. Todo lo come con gusto, y eso justamente nos da gusto a nosotros. Siempre alegre y de buen humor, bien dispuesta y bonachona: ésos son sus rasgos característicos.*

Más adelante, Ana vuelve a detenerse para comentar ciertas características de Bep, pero siempre que lo hace, la trata con dulzura; en sus palabras puede apreciarse el cariño que Ana sentía por esta joven que les ayudará hasta el final; Bep se volcará en los habitantes de la *Casa de atrás* aún sabiendo el peligro que entrañaba ayudar a los judíos, además del trabajo que suponía, pues había que estar constantemente pendiente de ellos suministrándoles alimentos y otras necesidades de primera mano, por ello Ana comentará:

> *El otro día a Bep casi le da un ataque de nervios, de tantos recados que le mandaban hacer. Diez veces al día*

71

le encargaban cosas, insistiendo en que lo hiciera rápido,
en que volviera a salir o en que había traído alguna cosa
equivocada. Si te pones a pensar en que abajo tiene que
terminar el trabajo de oficina, que Kleiman está enfermo,
que Miep está en su casa con catarro, que ella misma se
ha torcido el tobillo, que tiene mal de amores y en casa un
padre que se lamenta continuamente, te puedes imaginar
cuál es su estado. La hemos consolado y le hemos dicho
que si nos dijera unas cuantas veces que no tiene tiempo,
las listas de los recados se acortarían automáticamente.

Luego no cabe duda de que para todos Bep es una óptima persona, siempre dispuesta a hacer lo que le pidan con tal de ayudar, incluso si tal ayuda implica olvidarse de ella, de su vida. Pero la verdad es que este rasgo de humildad extrema es el que caracteriza a todos y cada una de las personas que ayudaron a este grupo de judíos, pues fue mucho el tiempo que hubieron de pasar escondidos y que su suerte dependió de aquellos que libremente decidieron ayudarles.

Hasta 1938 la situación en Holanda fue aparentemente normal; lo que sucedía en Alemania era visto como algo lejano e irreal, pero a partir de este momento la situación comenzará a empeorar. Este año fue el último en el que los Frank realizaron un viaje, y lo hicieron a Suiza con la intención de hacer una visita a la hermana de Otto, allí las niñas pudieron disfrutar de la compañía de sus antes tan asiduos compañeros de juegos, sus primos.

Ante los malos presagios, todos pensaron que lo mejor era que la madre de Edith, que había perdido a su marido varios años atrás, se trasladara a Merwedeplein para estar más cerca de la familia; Rosa Holländer aceptó la proposición, pues era la única opción factible, ya que la de escapar a América, como lo habían hecho sus hijos Walter y Julios, era ya algo impensable para una mujer de su edad:

Nuestras vidas transcurrían con cierta agitación, ya
que el resto de la familia que se había quedado en
Alemania seguía siendo víctima de las medidas antiju-
días decretadas por Hitler. Tras los pogromos de 1938,
mis dos tíos maternos huyeron y llegaron sanos y salvos

a Norteamérica; mi pobre abuela que ya tenía setenta y tres años, se vino a vivir con nosotros.

Ana estaba encantada por tener tan cerca de sí a su abuela, pues siempre había mantenido con ella una estrechísima relación, quizá producto del tiempo que estuvo viviendo con ella cuando sus padres y hermana partieron en primer lugar a Holanda para instalarse definitivamente allí. Ana, guardará siempre con mucho cariño un regalo que le hizo su abuela, una preciosa pluma estilográfica con la que escribirá parte del diario; sería un regalo muy preciado para la niña tanto por su belleza como por su valor sentimental, y la acompañaría mucho tiempo, incluso en la *Casa de atrás,* hasta que un accidente le obligará a desprenderse de la misma; la estilográfica fue a parar por casualidad a la estufa cuando Ana se disponía a tirar a la misma algo de basura y restos de judías podridas envueltas en papel de periódico:

Querida Kitty:
Se me acaba de ocurrir un buen título para este capítulo: Oda a la estilográfica.
«In memoriam»
La estilográfica había sido siempre para mí un preciado tesoro; la apreciaba mucho, sobre todo por la punta gruesa que tenía, porque sólo con la punta gruesa de una estilográfica sé hacer una letra realmente bonita. Mi estilográfica ha tenido una larga e interesante vida de estilográfica, que pasaré a relatar brevemente.
Cuando tenía nueve años, mi estilográfica me llegó en un paquete, envuelta en algodón, catalogada como «muestra sin valor» procedente de Aquisgrán, la ciudad donde reside mi abuela, la generosa remitente. Yo estaba en cama con gripe, mientras el viento frío de febrero bramaba alrededor de la casa. La maravillosa estilográfica venía en un estuche de cuero rojo y fue mostrada a todas mis amigas el mismísimo día del obsequio. ¡Yo, Ana Frank, orgullosa poseedora de una estilográfica!

Cuando tenía diez años, me permitieron llevar la esti-
lográfica al colegio, y la señorita consintió que la usara
para escribir. A los once años, sin embargo, tuve que guar-
darla, ya que la señorita del sexto curso sólo permitía que
se usaran plumas y tinteros del colegio como útiles de escri-
tura. Cuando cumplí los doce y pasé al liceo judío, mi esti-
lográfica, para mayor gloria, fue a dar a un nuevo estu-
che, en el que también cabía un lápiz y que, además, parecía
mucho más auténtico, ya que cerraba con cremallera. A
los trece años la traje conmigo a «la Casa de atrás», donde
me acompañó a través de un sinnúmero de diarios y otros
escritos. El año en que cumplí los catorce, fue el último año
que mi estilográfica y yo pasamos juntas, y ahora...

La bonita pluma estilográfica fue el regalo que su abuela materna
la enviara por su décimo cumpleaños, edad que Ana celebró con
una estupenda fiesta a la que fueron invitadas sus amigas más próximas, un grupo de ocho chicas, que lo festejó por todo lo alto.

Con la alianza realizada entre el nazismo y el fascismo, Italia
se lanzó a la ocupación de Etiopía (1935-1936), lo que produjo una
profunda alteración de los tratados de paz acordados en 1919. Así
mismo, la ya comentada ayuda por parte de Alemania e Italia al
bando franquista contribuyó a tal alteración, sin olvidarnos del
Pacto de Acero, firmado en 1939. Berlín, que era consciente de los
planes de expansión fascista por el Mediterráneo, lograría la libertad para realizar sus conquistas por el este.

Como se aventuraba, los equilibrios internacionales empezaron
a derrumbarse; el logro de la pretendida seguridad europea chocó
de frente con las fuertes oposiciones ideológicas comunistas y capi-
talistas. Existía una profunda desconfianza que enfrentaba a las democracias occidentales y a la Rusia de Stalin y que acabó por propiciar
el convencimiento, por parte de Rusia, de que el único modo de
lograr un frente *imperialista* antisoviético y lograr el control de los
territorios orientales de Europa, era aferrarse a un pacto con Alemania
que les garantizara, al menos por el momento, la tranquilidad.

En 1939 puede decirse ya de una forma clara que había estallado
el conflicto. Alemania procedería a la ocupación de Checoslovaquia

74

en marzo de 1939, como se ha dicho antes, y creará el protectorado de Bohemia y Moravia con el que se aventurará a traspasar límites étnicos hasta entonces no franqueados. En este instante, los objetivos prioritarios del Tercer Reich estaban en la ciudad hoy llamada Gdansk, que no era otra que la de Danzig, así como en el pasillo que unía Alemania con Prusia oriental; y tales prioridades iban orientadas a la ampliación de su espacio vital por oriente.

Hitler intentará, por todos los medios, cubrir el espacio que separaba el famoso *pasillo,* lo más rápidamente posible; para ello, programó una guerra relámpago donde pretendía sorprender a sus enemigos y negarles la posibilidad de rearmarse. Alemania, si quería vencer, debía procurar el enfrentamiento individual, es decir, con un enemigo cada vez, puesto que con dos frentes abiertos correría el riesgo de debilitarse y sufrir la misma suerte que en la Primera Guerra Mundial.

La llamada *guerra relámpago* protagonizada por el ejército alemán abarcó el período de tiempo comprendido entre septiembre de 1939 y diciembre de 1941. Estos ataques así denominados consistían en misiones aparentemente sencillas que, dado su carácter sorpresivo, acababan otorgando victorias estratégicas a Alemania, quien congeló a sus adversarios con la utilización de la radiotelefonía, modernos aviones y unidades blindadas y motorizadas.

Ya en el verano de 1939 las consecuencias de la guerra comenzaron a hacerse patentes en Holanda pues, aunque Alemania había prometido respetar su postura neutral, el racionamiento de alimentos no se hizo esperar. El 23 de agosto Alemania y Rusia decidieron cerrar su pacto, en el que acordaban, por un lado, no atacarse mutuamente y, por otro, repartirse Polonia, país que fue invadido por las tropas alemanas el 1 de septiembre y que culminó con la anexión, como ya se ha adelantado, de la ciudad de Danzig. Polonia se mostró optimista ante tal invasión, pues consideraba que sus tropas serían capaces de hacer frente a los nazis, al menos unos meses. No fue así, sino que sus tropas sufrieron una apabullante derrota que propició la comentada repartición de Polonia.

Hitler, no contento con la derrota militar, trató de ocasionar el máximo daño posible al país sometido, y una buena forma de lograrlo era quebrantando el orden social establecido. Con el propósito de anular a la clase dominante, ordenó aniquilar a todos los oficiales, sacerdotes e intelectuales que estuvieran en sus manos. El calvario por el que pasaban los judíos alemanes, que por aquel entonces sumaban 200.000 residentes, se extendía sin remedio a los austriacos y polacos que también hubieron de emigrar, aunque según avanzaba el tiempo y la guerra cobraba más fuerza las dificultades eran mayores, ya que el dinero que debían abonar a los *fondos de emigración* y los papeles que se requerían para poder llevar a cabo la marcha eran cada vez más difíciles de obtener; a lo que habría que sumar el impedimento a la hora de ser acogidos en otros países como ocurrió con las trabas que protagonizó Gran Bretaña.

En 1941 la emigración fue suspendida; ya no había opciones para los judíos, el dinero ya no tenía valor en sus manos; 5.000 judíos murieron en Polonia durante los primeros meses de ocupación nazi. A finales de 1939 sólo permanecía en Austria el 40 % de la amplia población judía; unos 150.000 habían logrado huir.

Inmediatamente después de que Alemania invadiera Polonia, Francia y Gran Bretaña declararon la guerra a esta crecida potencia. Por su parte, la URSS protagonizó la ocupación de Finlandia el 12 de marzo de 1940, a lo que siguió la conquista alemana de Dinamarca, Noruega y Luxemburgo. Alemania tomaría la decisión de invadir Dinamarca y Noruega con la intención de impedir que las vías de abastecimiento de hierro suecas se cortaran; por lo que el período de aparente calma mantenido por los alemanes durante unos ocho meses se vio interrumpido. Durante ese espacio de tiempo, los Aliados se habían mantenido a la retaguardia tratando de hacerse fuertes y de minar a los alemanes con presiones económicas.

Los judíos de los territorios ocupados sufrirían, como los de los otros países sometidos, humillaciones y tratos vejatorios cuando no la miseria, la falta de libertad o la muerte. Noruega contaba, en el momento de la invasión alemana con 1.800 judíos, Dinamarca con 8.000 y Luxemburgo con 5.000.

Pronto Ana se despediría de sus profesores de la escuela Montessori; llegamos a 1940 y aquel año fue para Ana el último allí cursado; en un escueto comentario de su evolución escolar Ana dice:

> *Pronto empecé a ir al jardín de infancia del colegio Montessori, y allí estuve hasta cumplir los seis años. Luego*

Ana Frank en el colegio Montessori (1941).

pasé al primer curso de la escuela primaria. En sexto tuve a la señora Kuperus, la directora. Nos emocionamos mucho al despedirnos a fin de curso y lloramos las dos, porque yo había sido admitida en el liceo judío, al que también iba Margot.

En aquel año, todavía no había llegado a vivirse plenamente la cercanía de la guerra con sus correspondientes y desastrosas consecuencias, especialmente para los judíos; aún era posible mantener una correspondencia con el extranjero, aunque no por mucho tiempo, pues pronto llegaría la censura, que fue sufrida directamente por dos hermanas americanas que se carteaban con Ana y Margot; el contacto llegó a producirse gracias a la iniciativa de una maestra de Iowa que tuvo relación con otra de Ámsterdam, que no dudó en apoyar esta forma de hacer amigos extranjeros y de practicar el inglés. Ana se carteaba con Juanita Wagner y Margot con la hermana de ésta, Betty Ann. Hay constancia del contenido de dichas cartas donde Ana mandaba y recibía fotos y postales intentando conocer cómo era la vida de su nueva amiga y exponiendo con detalles la suya propia. Ana siguió gozando de su niñez y comentando a su amiga Juanita los encantos de Holanda y las anécdotas de su vida diaria sin prestar atención al inminente ataque que llegaría finalmente en mayo de 1940.

Hitler, conocedor de sus limitaciones económicas, trató de reducir la duración de la guerra al mínimo de tiempo posible; quería finalizar pronto los ataques, por lo que en mayo de 1940 planificó el ataque a Francia por las Ardenas; un plan que incluyó también el sometimiento de Holanda, Bélgica y Luxemburgo.

Últimos momentos de aparente libertad

El caos se apoderó de Holanda en el mismo instante en que las tropas alemanas iniciaron su ataque; y este sentimiento de angustia también inundó el corazón de la población cuando tuvieron conocimiento de la huida a Londres protagonizada por la familia real, el primer ministro y su gabinete al completo. Si la familia real holandesa abandonaba su país parecía la prueba inequívoca de que todo estaba perdido.

Los alemanes tenían muy claro sus objetivos y por ello lanzaron un ultimátum en el que anunciaban que si Rótterdam no se rendía, sufriría un terrible bombardeo; que finalmente llegó a producirse incluso antes de que el tiempo establecido para que Holanda anunciara su rendición se cumpliera. Este bombardeo causó pánico entre los holandeses y sembró el centro de la ciudad de destrucción y muerte. El 13 de mayo de 1940, Rótterdam, sin opción, se rendía y un día después se producía la capitulación de Holanda. Los días previos a la rendición fueron terribles para los holandeses que hubieron de enfrentarse por primera vez con la guerra y la incertidumbre que provocaban los aviones sobrevolando sus cabezas… pero una vez que Rótterdam se rindió, todo pareció volver aparentemente a la normalidad, incluso para los 140.000 judíos que vivían en Ámsterdam y cuyos orígenes eran dispares, pues unos eran lógicamente holandeses, otros refugiados venidos de Alemania y Austria en busca de libertad y varios de distintas ciudades, principalmente de las que sufrían la amenaza nazi. Esta situación de estabilidad fue la que prometió mantener el comisario del Reich, Arthur Seyes-Inquart, pero poco a poco la aparente normalidad se vería alterada y especialmente en el caso de los judíos. Ana lo explica muy bien en su diario:

> *Después de mayo de 1940, los buenos tiempos quedaron definitivamente atrás: primero la guerra, luego la capitulación, la invasión alemana, y así comenzaron las desgracias para nosotros los judíos. Las medidas antijudías se sucedieron rápidamente y se nos privó de muchas libertades. Los judíos deben llevar una estrella de David; deben entregar sus bicicletas; no les está permitido viajar en tranvía; no les está permitido viajar en coche, tampoco en coches particulares; los judíos sólo pueden hacer la compra desde las tres hasta las cinco de la tarde; sólo pueden ir a una peluquería judía; no pueden salir a la calle desde las ocho de la noche hasta las seis de la madrugada; no les está permitida la entrada en los teatros, cines y otros lugares de esparcimiento público; no les está permitida la entrada en las piscinas ni en las pistas de tenis,*

de hockey ni de ningún otro deporte; no les está permitido practicar remo; no les está permitido practicar ningún deporte en público; no les está permitido estar sentados en sus jardines después de las ocho de la noche, tampoco en los jardines de sus amigos; los judíos no pueden entrar en casa de cristianos; tienen que ir a colegios judíos, y otras cosas por el estilo. Así transcurrían nuestros días: que si esto no lo podíamos hacer, que si lo otro tampoco. Jacques siempre me dice: «Ya no me atrevo a hacer nada, porque tengo miedo de que esté prohibido».

Ana seguía jugando en su barrio con sus amigas, muchas de las cuales gustaban de subir a su casa para acariciar a la mascota de Ana, un gatito negro llamado *Moortje;* pero lo cierto es que Ana, Sanne y Lies, preferían, en lugar de jugar todo el tiempo al corro o de saltar a la cuerda, imitar los comportamientos de las adolescentes y dedicarse a leer revistas de cine y moda o a hablar de chicos, aunque para el resto de niñas de once años esto no era lo habitual.

Los Frank, todavía pudieron ir a la playa en agosto de ese año, y así lo atestigua una foto que Ana pegó en su diario donde se la ve a ella y a su hermana en la playa de Zandvoort; ya en la ciudad, era posible seguir paseando o montando en bicicleta, los más pequeños no sufrían todavía las consecuencias de la invasión ya que los adultos procuraban que así fuera, pero irremediablemente éstos se atormentaban pensando que tal situación empeoraría irremediablemente y así sería, pues todo sucedió según la narración de Ana.

En Alemania fue difundida una circular que enumeraba a todas aquellas personas que no eran dignas de trabajar en aquel país, y decía así: *elementos antisociales, como personas que han cumplido largas penas de prisión, los que tengan un pasado claramente comunista y los judíos;* igualmente se ordenaba la identificación de los judíos que no poseyeran nacionalidad holandesa y se instaba a los alemanes a que abandonasen tanto La Haya como las costas holandesas.

La presión nazi llegó a escuelas y universidades donde se controló el material didáctico prohibiendo todos aquellos libros amenazados de poseer contenido dañino para la sensibilidad nazi. Los representantes de los distintos departamentos de educación así como los estudiantes universitarios comenzaron a alzar voces de protesta ante tales medidas; la reacción no se hizo esperar y dos universidades sufrieron el cierre alemán, Delft y Leiden; viendo cómo se desarrollaban los acontecimientos y las drásticas medidas nazis, otras universidades decidieron cerrar voluntariamente para evitar las manifestaciones que únicamente servirían para sembrar más discordia.

Todos los habitantes de Holanda hubieron de obedecer a un toque de queda que les prohibía deambular por las calles; tampoco les estaba permitido abandonar el país y a todas estas desgracias hubo de unirse la imposición del racionamiento. Holanda estaba aterrada; los reyes, desde el exilio, pedían reiteradamente la paz, pero tal petición no tenía cabida en los planes alemanes, y el lugar del primer ministro francés fue ocupado por un miembro del partido Antirrevolucionario, P.S. Gerbrandy. Si los holandeses tenían motivos evidentes para preocuparse mucho más claros eran los que acechaban a los judíos, donde las prohibiciones, los decretos y los despidos se cebaron en sus personas.

Todo periódico judío fue prohibido al igual que ocurrió con las emisoras de radio que no provinieran de Alemania; se suspendió a los funcionarios judíos de su puesto de trabajo y poco después todas las oficinas gubernamentales y oficiales hicieron lo propio con sus empleados de tal condición religiosa; sus limitaciones eran infinitas, y todo ello no era más que el principio de un largo calvario al que se les irían sumando más injusticias y penalidades. El 22 de octubre la Gaceta Oficial editará un Decreto en torno al Registro de Compañías que obligaba a que *Toda empresa industrial o comercial propiedad de judíos o con socios judíos debe ser declarada. Las infracciones a esta orden serán castigadas con hasta cinco años de cárcel o multas de hasta 100.000 florines.*

Las presiones fueron tan fuertes que 248 judíos optaron por el suicidio como vía de escape sólo durante el primer mes de invasión alemana. Intentar abandonar el país era algo imposible a esas alturas y en caso de existir una mínima posibilidad, ésta sólo estaba reservada a las personas con recursos económicos suficientes para afrontar el gasto que conllevaba obtener los permisos y los medios de transporte necesarios. Muchos prefirieron morir en el intento a resignarse a su suerte y permanecer en Holanda, por lo que intentaron cruzar a pie Francia para alcanzar España mientras que otros consiguieron un billete para viajar a Londres; de los que optaron por la primera medida, sólo 1.000 lo lograron y de los que pretendieron viajar a Inglaterra en barco sólo 200. Muchas fueron las personas que ayudaron a estos judíos a escapar, unas anónimas, otras, como Gertrude Wijsmuller-Meijer, han pasado a la Historia con nombres y apellidos.

Las medidas injustas adoptadas contra los judíos llevaron a Otto a tratar de distraer a los alemanes en lo referente a sus negocios y, por ello, decidió registrar una tercera compañía ficticia en la que él no figurase sino que sería Jan Gies y Kugler los que asumirían el mando de la misma. De este modo Otto podría contar con un capital que permanecería más o menos a salvo de los nazis, ya que el Registro de Compañías no sangraría tanto a una empresa perteneciente a un ario. Pese a todo, hubo de registrar a sus otras compañías, Opekta y Pectacon, declarándose propietario de las mismas.

A principios del año 1940, Otto tomó la resolución de trasladar sus compañías Opekta y Pectacon a un nuevo enclave, el edificio situado en el número 263 de Prinsengracht. Este lugar terminará por adquirir una relevancia inusitada en la vida de nuestra protagonista, aunque ella todavía no lo sabía ni era capaz de sospecharlo; y el anunciado protagonismo de tal lugar se debe a que sería el escogido para convertirse en el escondite de los ocho prófugos judíos; pues en su interior se hallaba la famosa *Casa de atrás*. La escritora Carol Ann Lee en el estudio que realizó a la hora de confeccionar su biografía sobre Ana Frank se detuvo a investigar los orígenes de tal edificio y su diversa utilización hasta la llegada de Otto y posteriormente del resto de los judíos; y esta ha resultado ser su historia:

> *Construido en 1635 por Dirk van Delft, el 263 de Prinsengracht sufrió diversas modificaciones de estructura a lo largo de los siglos. El tejado había sido sustituido en 1739 y el viejo anexo (la casa de la parte trasera) había sido derruido y se había construido uno mayor. Isaac van Vleuten, un droguero, había pagado 18.900 florines por él en 1745 y había vivido allí a pesar de poseer una casa de estilo campestre en el Haarlemmer Trekvaart. Cuando Van*

Vleuten murió, la casa permaneció vacía durante años.
En 1841 la planta baja se convirtió en establo para cinco
caballos y fue usada de manera intermitente como local
para negocios hasta principios del siglo XX, cuando una
firma especializada en calefactores, estufas y camas tomó
posesión del edificio. En los años treinta era usada como
taller por una empresa que fabricaba cilindros de pianola
y fue vendido al jefe de la compañía, el señor Krujier. Llevaba
un año vacío cuando Opekta/Pectacon se trasladaron a él,
alquilándolo directamente a su nuevo dueño, M.A. Wessel.

A esta recapitulación de la vida del famoso edificio, habría que
sumarse la minuciosa descripción del interior que Ana expondrá en
su diario al poco tiempo de llegar al escondite y que es la siguiente:

El edificio está dividido de la siguiente manera: en la
planta baja hay un gran almacén, que se usa para el depó-
sito de mercancías. Éste está subdividido en distintos cuar-
tos, como el que se usa para moler la canela, el clavo y
el sucedáneo de la pimienta, y luego está el cuarto de las
provisiones. Al lado de la puerta del almacén está la puerta
de entrada normal de la casa, tras la cual una segunda
puerta da acceso a la escalera. Subiendo las escaleras se
llega a una puerta de vidrio traslúcido, en la que anti-
guamente ponía «OFICINA» en letras negras. Se trata
de la oficina principal del edificio, muy grande, muy lumi-
nosa y muy llena. De día trabajan allí Bep, Miep y el señor
Kleiman. Pasando por un cuartito donde está la caja
fuerte, el guardarropa y un armario para guardar útiles
de escritorio, se llega a una pequeña habitación bastante
oscura y húmeda que da al patio. Éste era el despacho
que compartían el señor Kugler y el señor Van Daan, pero
que ahora sólo ocupa el primero. También se puede acce-
der al despacho de Kugler desde el pasillo, aunque sólo
a través de una puerta de vidrio que se abre desde den-
tro y que es difícil de abrir desde fuera. Saliendo de ese
despacho se va por un pasillo largo y estrecho, se pasa

por la carbonera y, después de subir cuatro peldaños, se llega a la habitación que es el orgullo del edificio: el despacho principal. Muebles oscuros muy elegantes, el piso cubierto de linóleo y alfombras, una radio, una hermosa lámpara, todo verdaderamente precioso. Al lado, una amplia cocina con calentador de agua y dos hornillos, y al lado de la cocina, un retrete. Ése es el primer piso.

Desde el pasillo de abajo se sube por una escalera corriente de madera. Arriba hay un pequeño rellano, al que llamamos normalmente descansillo. A la izquierda y derecha del descansillo hay dos puertas. La de la izquierda comunica con la casa de delante, donde hay almacenes, un desván y una buhardilla. Al otro extremo de esta parte delantera del edificio hay una escalera superempinada, típicamente holandesa (de ésas en las que es fácil romperse la crisma), que lleva a la segunda puerta que da a la calle.

A la derecha del descansillo se halla la «Casa de atrás». Nunca nadie sospecharía que detrás de esta puerta pintada de gris, sin nada de particular, se esconden tantas habitaciones. Delante de la puerta hay un escalón alto, y por allí se entra. Justo enfrente de la puerta de entrada, una escalera empinada; a la izquierda hay un pasillito y una habitación que pasó a ser el cuarto de estar y dormitorio de los Frank, y al lado otra habitación más pequeña: el dormitorio y estudio de las señoritas Frank. A la derecha de la escalera, un cuarto sin ventanas, con un lavabo y un retrete cerrado, y otra puerta que da a la habitación de Margot y mía. Subiendo las escaleras, al abrir la puerta de arriba, uno se asombra al ver que en una casa tan antigua de los canales pueda haber una habitación tan grande, tan luminosa y tan amplia. En este espacio hay un fogón (esto se lo debemos al hecho de que aquí Kugler tenía antes su laboratorio) y un fregadero. O sea, que ésa es la cocina, y a la vez también dormitorio del señor y la señora Van Daan, cuarto de estar general, comedor y estudio. Luego, una diminuta habitación de paso, que será la morada de Peter van Daan y, finalmente, al igual que en la casa de *delante, un desván y una buhardilla. Y aquí termina la presentación de toda nuestra hermosa* Casa de atrás.

Por aquel entonces cinco personas trabajaban para la empresa Pectacon y seis para Opekta, a tenor de los contratos temporales que se realizaban con cierta frecuencia en función de la necesidad de personal que se les presentara. Otto, a pesar de la empresa ficticia ya creada, seguía temiendo por el capital invertido en Opekta y en Pectacon, por lo que decidió idear un plan para impedir que los nazis se apoderasen de Pectacon; aunque desgraciadamente el plan no logró cumplir las expectativas esperadas pues fue descubierto rápidamente por el olfato de unos nazis que no pasaban por alto nada que pudiera estar relacionado de uno u otro modo con las personas de condición judía. Lo que Otto pretendía era que los nazis aprobasen una serie de cambios en el negocio que ya habían sido pactados por la empresa en una reunión donde se aconsejaba que el control recayera exclusivamente sobre los arios; esta reunión era lógicamente ficticia al igual que los acuerdos a los que se comentaba haber llegado, ya que Otto, en ningún momento renunciaría a sus acciones sino que únicamente simulaba que éstas pasaban a manos de dos hombres de su entera confianza; Kleiman y Dunselman. Acto seguido, Otto transformó la empresa Pectacon, aunque sólo en apariencia, en otra empresa llamada Gies & Co. Y le puso tal nombre porque la persona que en todo momento le estuvo ayudando a realizar esta *trampa* era precisamente Jan Gies. Pero como se ha comentado, el plan no funcionó y Otto hubo de liquidar Pectacon, aunque la reciente empresa creada fue su salvación, ya que pudo trasladar todo el material de Pectacon a Gies & Co. y de este modo Pectacon siguió funcionando pero, encubierta bajo el nuevo nombre y Otto conservó sus acciones.

Pese a las dificultades de los judíos, que ya eran muchas, Ana pudo irse ese verano a un campamento infantil con su amiga Sanne. El campamento estaba dirigido por sus tíos Heinz y Eva padres de un niño llamado Ray. Los padres de Ana junto con Margot fueron a buscar a las niñas al campamento cuando finalizaron las vacaciones y las llevaron de nuevo a Ámsterdam.

Ahora sí que podía decirse que los judíos estaban condenados por los nazis; Holanda, que tan distante había vivido las medidas antisemitas en Alemania las sufría con una fuerza aterradora en sus propias carnes; estaban en guerra.

Los judíos, como ya se adelantó, no podían ir a sitios públicos: teatros, cafés, parques... Todos debían identificarse obligatoriamente como tales en las oficinas del censo donde se les otorgaba una tarjeta, previo pago, en la que se hacía constar su condición religiosa. Hubo redadas en el barrio judío donde los prisioneros eran maltratados y conducidos a los campos de concentración, cuando no fusilados prácticamente en el acto. Las medidas adoptadas por las SS para evitar sublevaciones judías fueron muy drásticas; todo aquel que optara por oponerse al régimen nazi sería detenido y expuesto a un destino trágico.

Muchos judíos fueron desprovistos de sus bienes para que éstos pasaran a manos de los arios. A finales de 1942 las medidas se intensificaron de modo que todo judío alemán que vivía en territorio ocupado fue privado de su nacionalidad, y los que residían en Holanda, hubieron de registrarse en el Zentralstelle y se les prohibió abandonar Ámsterdam.

La única esperanza que les podía otorgar el conocer el desarrollo de la guerra les fue negada, ya que hubieron de entregar a los nazis los aparatos de radio que poseían, al tiempo que hubieron de comprometerse a no restablecerlos por otros y en caso de hacerlo habrían de enfrentarse a duros castigos. Los judíos que trabajaban en el Estado fueron despedidos; muchos negocios fueron destruidos, quemados o saqueados; los estudiantes judíos fueron expulsados tanto de la universidad como de las escuelas y en el último caso, se les prohibió cursar sus estudios en los colegios donde estudiasen niños no judíos; Ana hubo, pues, de abandonar el colegio Montessori, caracterizado por un moderno sistema de enseñanza que tanto agradaba a los padres de la niña, para iniciar sus estudios en el liceo judío donde estudiaba Margot. Ana pasó al primer curso mientras que Margot se matriculó en cuarto. El liceo era una escuela amplia con tres plantas y una buhardilla además de dos patios donde los niños jugaban libremente.

Al entrar en el liceo, Ana hubo de abandonar a gran parte de sus amigas de la escuela Montessori, pero una niña tan sociable y despierta no tardó demasiado en abrirse un hueco en la nueva escuela y conocer a otras niñas; Jacqueline van Maarsen fue una de ellas. En las primeras anotaciones de su diario Ana hace un balance de sus amigos y compañeros de clase y en un primer momento se refiere a Jacque con estos términos: *A Jacque van Maarsen la conocí hace poco en el liceo judío y es ahora mi mejor amiga,* pero pronto rectificará tal afirmación y al volver a hablar de Jacque comentará: *La consideran mi mejor amiga, pero nunca he tenido una verdadera amiga. Al principio pensé que Jacque lo sería, pero me ha decepcionado bastante.*

Jacqueline tenía más cosas en común con Ana de las que pudiera parecer a simple vista; ambas vivían en el mismo barrio, muy próximas, iban a la misma escuela, sentían la misma fascinación por la mitología y el cine y además tenían una hermana mayor; aunque en este punto habría que apuntar una diferencia y es que Jacque, en contra de lo que ocurría con Ana, se llevaba bastante bien con su hermana Christiane; no es que Ana y Margot se llevasen mal, pero Ana nunca se abrió a su hermana por la que sentía unos celos que la conducían incluso a la rivalidad, una lucha en la que Margot, siempre dulce y educada, no quiso entrar jamás.

Las dos niñas se conocieron de camino a la escuela, pero fue Ana la que realizó el primer acercamiento. Su naturalidad y simpatía conquistaron a Jacque y desde ese momento compartieron juntas el camino de ida y vuelta de su casa al colegio y viceversa. Pronto Jacque empezó a hacer vida en casa de los Frank; hacían allí los deberes, jugaban a juegos de mesa, merendaban e incluso proyectaban películas de cine donde todos sus amigos estaban invitados; eso sí, Otto era el encargado de dirigir el proyector mientras los niños se sentaban cómodamente a ver la película. Ana, también mantuvo una buena relación con la familia de Jacque y en más de una ocasión, pese a la cercanía de sus viviendas, se quedó a dormir en casa de su amiga. Les encantaba pasar muchas horas juntas, se lo contaban todo, hablaban de chicos e incluso mantenían conversaciones íntimas donde intercambiaban pensamientos sobre el sexo opuesto aunque no sólo sobre la sexualidad entendida como el conjunto de cambios anatómicos y fisiológicos que también ellas empezaban a experimentar sino también en relación con el acto sexual y el nacimiento de los niños. Esta curiosidad tan natural que experimentaban las niñas en pleno inicio de su desarrollo propició una conversación que Ana, ya en la *Casa de atrás*, rescatará de su memoria para plasmarla en el diario:

> *Inconscientemente, antes de venir aquí ya había tenido sensaciones similares, porque recuerdo una vez en que me quedé a dormir en casa de Jacque y no podía contener la curiosidad de conocer su cuerpo, que siempre me había ocultado, y que nunca había llegado a ver. Le pedí que, en señal de nuestra amistad, nos tocáramos mutuamente los pechos. Jacque se negó. También ocurrió que sentí una terrible necesidad de besarla, y lo hice. Cada vez que veo una figura de una mujer desnuda, como por ejemplo la Venus en el manual de historia de arte de Springer, me quedo extasiada contemplándola. A veces me parece de una belleza tan maravillosa, que tengo que contenerme para que no se me salten las lágrimas. (...)*

Ana logrará tener un conocimiento más o menos avanzado para su edad en estos temas gracias a Jacque, la cual conseguía mucha de la información que Ana ignoraba a través de las conversaciones que mantenía con su hermana mayor, Christiane, la cual trataba de resolver, en la medida de lo posible y con asombrosa naturalidad, las dudas que se le podían presentar a su hermana pequeña y que por pudor no era capaz de plantear a sus padres, Ana lo comentó así en su diario:

> *Cuando acababa de cumplir los doce años, me contaron lo de la menstruación, pero aún no tenía la más mínima noción de dónde venía ni qué significaba. A los doce años y medio ya me contaron algo más, ya que Jacque no era tan estúpida como yo. Yo misma me imaginé cómo era la cohabitación del hombre y la mujer, pero cuando Jacque me lo confirmó, me sentí bastante orgullosa por haber tenido tan buena intuición.*
> *Aquello de que los niños no salen directamente de la panza también lo supo por Jacque, que me dijo sin más*

vueltas: «El producto acabado sale por el mismo lugar por donde entra la materia prima.»

El himen y algunas otras cosas específicas las conocíamos Jacque y yo por un libro sobre educación sexual. También sabía que se podía evitar el tener hijos, pero seguía siendo un secreto para mí cómo era todo aquello por dentro. Cuando llegamos aquí papá me habló de prostitutas, etc., pero con todo quedan algunas preguntas sin responder.

Ana, estando en la *Casa de atrás* sentía que necesitaba una amiga, alguien con la que pudiera hablar sobre esos temas y compartir los cambios que se producían en el interior y exterior de toda adolescente, pero eso no era posible; con Margot nunca había tenido confianza y comenzar a tenerla ahora era algo bastante improbable; su madre, nunca se había ofrecido para esclarecer sus dudas al considerar que esos temas eran tabú y, por tanto, prohibidos, y más aún si se trataba de comentarlos con Ana, su hija menor; por el contrario, su padre sí se ofrecía en ciertas ocasiones a ser interrogado por su hija para que saciara su curiosidad; Ana reflexionará sobre el clima de prohibición e hipocresía que se cernía sobre los temas sexuales y lo expondrá en su diario en los siguientes términos:

Antes, en el colegio y en casa, se hablaba de los asuntos sexuales de manera misteriosa o repulsiva. Las palabras que hacían referencia al sexo se decían en voz baja, y si alguien no estaba enterado de algún asunto, a menudo se reían de él. Esto siempre me ha parecido extraño, y muchas veces me he preguntado por qué estas cosas se comentan susurrando o de modo desagradable. Pero como de todas formas no se podía cambiar nada, yo trataba de hablar lo menos posible al respecto o le pedía información a mis amigas.

Cuando ya estaba enterada de bastantes cosas, mamá una vez me dijo:

—Ana, te voy a dar un consejo. Nunca hables del tema con los chicos y no contestes cuando ellos te hablen de él.

Recuerdo perfectamente cuál fue mi respuesta:

—¡No, claro que no, faltaba más!

Y ahí quedó todo.

Al principio de nuestra estancia en el escondite, papá a menudo me contaba cosas que hubiera preferido oír de boca de mamá, y el resto lo supe por los libros o por las conversaciones que oía. (...).

Ana seguirá leyendo y tratará de conseguir una amplia información por distintos caminos; todavía es una niña camino de la adolescencia pero al entrar en el escondite su cuerpo empezará a cambiar, será plenamente una adolescente y sufrirá en silencio esos profundos cambios; por lo que optará por contarle cada detalle a su querida *Kitty*, sin pudor y sin miramientos, pues su diario siempre ejerció el papel de amiga íntima:

Resulta que ayer leí un artículo de Sis Heyster sobre por qué nos sonrojamos. En ese artículo habla como si se estuviera dirigiendo sólo a mí. Aunque yo no me sonrojo tan fácilmente, las otras cosas que menciona sí me son aplicables. Escribe más o menos que una chica, cuando entra en la pubertad, se vuelve muy callada y empieza a reflexionar acerca de las cosas milagrosas que se producen en su cuerpo. También a mí me está ocurriendo eso, y por eso últimamente me da la impresión de que siento vergüenza frente a Margot, mamá y papá. (...).

Me parece muy milagroso lo que me está pasando, y no sólo lo que se puede ver del lado exterior de mi cuerpo, sino también lo que se desarrolla en su interior. Justamente al no tener a nadie con quien hablar de mí misma y sobre todas estas cosas, las converso conmigo misma. Cada vez que me viene la regla —lo que hasta ahora sólo ha ocurrido tres veces— me da la sensación de que, a pesar de todo el dolor, el malestar y la suciedad, guardo un dulce secreto y por eso, aunque sólo me trae molestias y fastidio, en cierto modo me alegro cada vez que llega el momento en que vuelvo a sentir en mí ese secreto.

Otra cosa que escribe Sis Heyster es que a esa edad las adolescentes son muy inseguras y empiezan a descubrir que

son personas con ideas, pensamientos y costumbres propias.
Como yo vine aquí cuando acababa de cumplir los trece años,
empecé a reflexionar sobre mí misma y a descubrir que era
una «persona por mí misma» mucho antes. A veces, por las
noches, siento una terrible necesidad de palparme los pechos
y de oír el latido tranquilo y seguro de mi corazón.

Será a principios de noviembre de 1942 cuando Ana experimente la prueba más clara de los cambios que su cuerpo está sufriendo, su cuerpo de niña evoluciona, se desarrolla y adopta las formas de una mujer, Ana se siente fascinada y anota en su diario cualquier detalle íntimo, el papel es para ella el confidente más fiel de unas interioridades que jamás se atrevería a comentar con sus padres tan abierta y libremente; cada íntimo detalle es expresado sin eufemismos ni tabúes:

> *P.D. He olvidado comunicarte la importante noticia*
> *de que es muy probable que muy pronto me venga la regla.*
> *Lo noto porque a cada rato tengo una sustancia pegajosa*
> *en las bragas y mamá ya me lo anticipó. Apenas puedo*
> *esperar. ¡Me parece algo tan importante! Es una lástima*
> *que ahora no pueda usar compresas, porque ya no se con-*
> *siguen, y los palitos que usa mamá sólo son para muje-*
> *res que ya han tenido hijos alguna vez.*

Con el tiempo Ana releerá lo que ha escrito y en cierto modo se avergonzará de su sinceridad, de esa ingenuidad y falta de vergüenza propia de los niños; en el escondite la joven madurará, y quizá las circunstancias vividas la lleven a hacerlo de forma más rápida de lo habitual pues pasará de ser una niña feliz y despreocupada a permanecer encerrada durante años con gente mayor que ella, en un mundo aislado; por ello, al revisar su diario con el tiempo, no podrá evitar el incluir en varias páginas comentarios como los siguientes:

> *Yo ya no podría escribir una cosa así.*
> *Ahora que releo mi diario después de un año y medio,*
> *me sorprendo de que alguna vez haya sido tan cándida e*

ingenua. Me doy cuenta de que, por más que quisiera, nunca más podré ser así. Mis estados de ánimo, las cosas que digo sobre Margot, mamá y papá, todavía las comprendo como si las hubiera escrito ayer. Pero esa manera desvergonzada de escribir sobre ciertas cosas ya no me las puedo imaginar. De verdad me avergüenzo de leer algunas páginas que tratan de temas que preferiría imaginármelos más bonitos. Los he escrito de manera tan poco elegante...

Más adelante y durante su estancia en la *Casa de atrás,* Ana empezará a intimar con Peter, una figura que hasta entonces nunca había llamado su atención; y gracias a él, Ana acabará descubriendo los secretos en torno a la sexualidad, al mismo tiempo, que se ofrecerá a despejar las dudas que puedan rondar por la cabeza de Peter en torno a las mujeres; luego Ana encontrará en Peter un amigo, un chico prudente que no se tomará a broma esos temas ni la hará sentir incómoda hablando de ellos. Con este confidente, la adolescente desoirá los consejos que su madre la dio en los que, como recordamos, la instaba a que evitara el hablar con chicos sobre temas sexuales; pero Peter no era como los demás: *Peter van Daan nunca fue fastidioso en cuanto a estos asuntos como mis compañeros del colegio; al principio quizá alguna vez, pero nunca para hacerme hablar.* Peter mantuvo por primera vez una conversación con Ana de este tipo para enseñarla que Moffie, el gato que convivía con ellos en el escondite, era macho; para convencer a su interlocutora Peter la sometió a una clase con lección práctica que maravilló a la joven por la naturalidad con que fue expuesta:

> *Sin mayores preparativos, levantó con destreza al animal, cogiéndolo por las patas y por la cabeza, y manteniéndolo boca arriba, comenzó la lección:*
> *—Éste es el genital masculino, éstos son unos pelitos sueltos y ése es el culito. (…).*
> *A cualquier otro chico que me hubiera indicado «el genital masculino», no le habría vuelto a dirigir la palabra. Pero Peter siguió hablando como si nada sobre este tema siempre tan delicado, sin ninguna mala intención,*

y al final me tranquilizó, en el sentido de que a mi tam-
bién me terminó pareciendo un tema normal. (...)
(...); cada vez que recordaba nuestra conversación, me
parecía algo curiosa. Pero hay un aspecto en el que al
menos he aprendido algo: también hay jóvenes, y nada
menos que del otro sexo, que son capaces de conversar de
forma natural y sin hacer bromas pesadas respecto al tema.

Si este fue el inicio, después las conversaciones en torno a la
sexualidad serían mucho más íntimas entre los dos jóvenes, pero
eso sucederá más adelante y todavía Ana es una niña que crecía y
se divertía con sus amigas, Jacque, Lies y Sanne. Sus padres vivían
el día a día intentando tomar una resolución que les permitiera vis-
lumbrar un futuro más alentador. Otto volvía a tener problemas
con sus negocios al ser informado de que el dinero que Erich Elias
le había prestado en condición de ayuda para la compañía había
pasado a poder de la compañía Rohstoff Verkers a. G. (Rovag) de
Basilea, que le pedía que ratificase el acuerdo que mantuvo con
Erich así como otros asuntos que Otto hubo de apresurarse a esclarecer amablemente. Los accionistas de Opekta se reunieron y comen-
taron que Pomosin Werke estaba intentando apartar a los judíos
del negocio, y tal y como avanzaba la situación parecía muy probable que lo lograsen. Finalmente, Otto se decidió por ceder a
Kleiman su puesto de director y permanecer un poco al margen;
estos cambios fueron comunicados a la Cámara de Comercio de
Ámsterdam intentando paliar la situación de alerta.

Durante esta fecha los Frank sufrirán un duro golpe personal que,
sumado a la tensa situación por la que pasan los judíos, les ocasionó
una mella importante en su débil estado de ánimo. Oma, la abuela
materna de Ana perderá la lucha contra el cáncer; su nieta pequeña
encajará muy mal la pérdida y nunca olvidará a su abuela tal y como
lo muestran los pensamientos que dirigió hacia ella en su diario:

En el verano de 1941, la abuela enfermó gravemente.
Hubo que operarla y mi cumpleaños apenas lo festeja-
mos. El del verano de 1940 tampoco, porque hacía poco
que había acabado la guerra en Holanda. La abuela murió

en enero de 1942. Nadie sabe lo mucho que pienso en ella
y cuánto la sigo queriendo. Este cumpleaños de 1942 lo
hemos festejado para compensar los anteriores, y tam-
bién tuvimos encendida la vela de la abuela.

Hay que esconderse

La situación que se vivía en Holanda presagiaba un terrible desenlace; todo parecía complicarse y las dos familias que acabarían
viviendo en la *Casa de atrás* jugaron sus últimas cartas para ganarle
la partida a la reclusión. Los Frank solicitaron en la Zentralstelle
un permiso para trasladarse a Inglaterra mientras que los Van Pels,
o Van Daan, como pronto pasarán a ser denominados por Ana en
su diario, hicieron lo propio para lograr emigrar a los Estados Unidos
donde Hermann tenía a sus hermanos; pero todo intento, por muy
desesperado que fuera, era poco menos que inútil; ya no había esperanzas para los judíos y una respuesta políticamente correcta fue la
que recibieron en la Zentralstelle, donde se les comunicaba que la
aprobación para llevar a cabo la salida del país se posponía de forma
indefinida; pero la realidad era mucho más cruel y dramática que
una mera negativa, pues en enero de 1942, en el mismo mes en el
que las dos familias pretendieron abandonar el país, se tomó una
drástica solución para poner el broche de oro a las medidas antisemitas: la construcción de los campos de exterminio nazis. Este
acuerdo figura en el Acta Wannsee, en el que constan Dachau,
Sachsenhausen y Esterwegen; y es, precisamente en la conferencia
que da origen a tal acta, donde se darán las órdenes para coordinar
a los prisioneros, se encomendará a las SS el control y se encargará
a Eichmann que dé las instrucciones oportunas.

Uno de los campos de concentración más temidos por el número
de muertos que contabilizó fue el de Auschwitz, por el que acabarán pasando varios de nuestros protagonistas, pero esos acontecimientos están muy lejanos todavía y no debe perturbarse el lineal
acontecer de los hechos, por lo que continuaremos siguiendo el orden
temporal. Auschwitz estaba ubicado en un paisaje desangelado de
tierras infértiles y pantanosas que surgían cerca del Vístula, pero al

que se accedía fácilmente en ferrocarril, pues era un nudo de enlace que comunicaba con distintas capitales europeas; lo que nadie podía imaginarse es que esa árida *tierra de nadie* acabaría convirtiéndose en el lugar de descanso de miles de mártires judíos que, con inusitada frecuencia, eran transportados hasta allí en pésimas condiciones. Unos mugrientos vagones acogían sus enflaquecidos cuerpos y les transportaban lentamente por los gélidos paisajes, apiñados unos contra los otros, sin poder sentarse y sin apenas aire para respirar; llevaban lo puesto e incluso eso se les arrebataría.

Auschwitz, que en un principio se concibió como lugar de castigo para torturar a los prisioneros políticos polacos, terminaría convirtiéndose en un infierno para los judíos. En la primavera de 1941, 30 criminales cuyo delito había sido probado fueron conducidos a dicho campo y destinados, por la autoridad alemana, a ejercer la vigilancia del mismo. El pueblo más cercano a aquel maldito lugar era Oswiecim, un pequeño pueblo que vivía de sus fábricas y del que arrancaron a 300 judíos para llevárselos al recién creado campo de concentración con el fin de que trabajasen acondicionando el mismo; a principios de junio comenzaron los trabajos para que tal lugar fuera capaz de soportar la masiva afluencia de judíos; Rudolf Höes, sería el comandante de ese infierno durante un período de dos años.

En dicho campo se barajaron distintas posibilidades para matar de forma rápida y barata a los prisioneros, y los primeros en probar los letales métodos fueron una serie de personas consideradas por los alemanes como indeseables debido a su debilidad producida por una insuficiencia física o psicológica. Fueron tan crueles que no perdonaron ni a los niños. Así empezaban unas terribles cifras de muertos que irían aumentando en cada uno de los campos de concentración a través de los años. Poco después de aquel suceso fueron asesinados en la cámara de gas varios judíos y prisioneros de guerra a los que seguirían, utilizando el mismo gas mortífero, *zyklon b,* muchos más.

Debido al número de judíos destinados a Auschwitz se decidió ampliar el lugar antes del verano de 1942, y a finales de esa estación se empezó a construir el llamado *bosque de abedules* o Birkenau, es decir, la terminal de muertos que llevaba el nombre del lugar donde se había procedido a su levantamiento; Auschwitz pronto se convirtió en un desmesurado lugar de sufrimiento y muerte que estaba dividido en varios subcampos; Carol Ann Lee describe en su libro tal división con estas palabras:

> *BI, el campo de mujeres; BII, el campo de hombres; BIIF, los barracones médicos; BIIE, el campo de gitanos; BIIB, el campo checo, y más tarde, BIII, «México», iniciado en el verano de 1944 y nunca terminado. Además estaba el campo de la cuarentena, una casa de baños con sauna, «Kanada» (donde las pertenencias de los prisioneros eran recogidas y expedidas), cámaras de gas y vestuarios adyacentes, crematorios, plantas de filtrado, donde los huesos se convertían en polvo que se filtraba para transformarlo en fertilizantes, y enormes pozos bajo la sombra de los abedules donde se incineraban los cuerpos. Una valla electrificada rodeaba el complejo, salpicada de torres desde las que guardianes armados vigilaban. Más tarde llegó Auschwitz III, los subcampos y las fábricas en que se hacía de todo, desde minería de carbón hasta agricultura. En tres años, Auschwitz cubría sesenta y cinco kilómetros cuadrados de barracones, fábricas y recintos de muerte.*

En un principio los judíos, desconocedores de las nuevas técnicas empleadas para matar, acudían a las cámaras de gas bajo el engañoso pretexto de tomar una ducha que eliminara su suciedad y evitase posibles contagios, pero pronto la situación que tendrían que vivir los presos de los campos de concentración sería mucho más agonizante, ya que no tardarían en ser conscientes de que sus compañeros no eran llevados a duchas sino a unas cámaras de gas de las que nunca volvían. El miedo a la muerte ya no podía ser tamizado, los judíos eran conscientes de que tarde o temprano les llegaría la hora y deberían aprender a aceptarlo en el trayecto que separaba sus barracones de las cámaras letales.

El momento de esconderse se aproximaba para Otto y su familia, y era la única vía posible tras haber considerado varias, para escapar a la deportación y, en consecuencia, a la muerte, había que empezar a moverse cuanto antes puesto que el tiempo se les estaba acabando pero no podían hacerlo solos. Permanecer ocultos implicaba contar con unos intermediarios, personas que actuasen de vínculos entre ellos y el mundo exterior, ya que si nadie estaba al corriente de su condición pronto se les agotaría el alimento u otras necesidades de primera mano y acabarían por morir o ser descubiertos. Si obligatoriamente alguien debía de estar al corriente de su deseo de permanecer ocultos, esa o esas personas debían de ser de absoluta confianza, pues no sólo se estaba arriesgando la vida de los escondidos al contar su deseo de permanecer ocultos, sino que además ponían en peligro la vida de todas las personas que aceptaran ayudarles, ya que los nazis amenazaban con castigar e incluso aniquilar a todo aquel que prestara ayuda a un judío o intentase burlar a la raza fuerte.

Lo primero que hizo Otto fue reunirse con su amigo, vecino y compañero de trabajo, el señor Hermann Van Pels, y tras una larga conversación acordaron que había llegado el momento de desaparecer de Holanda pero ante la imposibilidad de abandonar el país consideraron que la mejor solución era la de permanecer escondidos y hacer creer a todo el mundo que habían huido; el lugar escogido para aislarse durante el tiempo que durase la guerra estaba claro; se esconderían en la *Casa de atrás* que se hallaba en el interior de su oficina, y las personas que podrían ayudarles también estaban claras aunque faltaba que éstos dieran su visto bueno a tan arriesgada petición humanitaria. Finalmente Otto se resolvió a hablar con Johanes Kleiman y Víctor Kugler para pedirles que se responsabilizaran de las dos familias durante su período de ocultamiento; ambos, sin pensar demasiado en las consecuencias, aceptaron de inmediato, pues sabían que negarles su ayuda era entregarles a una muerte segura; asimismo las dos secretarias Mep Gies y Bep Voskuijl también estuvieron dispuestas a cooperar. Era demasiado el afecto que se había creado entre Otto y sus trabajadores como para permitir que él y su familia fueran deportados; harían todo lo posible para salvarles de esos locos ideales, aún conscientes del riesgo que eso entrañaba. Otto sentía que sus amigos tuvieran que arriesgar su vida pero no tenía otra opción, nunca les hubiera pedido un favor tan grande de no ser estrictamente necesario y ahora lo era, la vida de su familia estaba en juego y había que intentarlo todo antes que ver cómo sus hijas y esposa eran deportadas a campos de concentración para vivir en condiciones pésimas y morir como ratas.

Otto no tardó en comunicarle a Edith el plan, tendrían que esconderse y no podrían comunicarse con nadie del exterior salvo sus empleados; sería muy duro pero era el precio que habría que pagar si deseaban vivir. Antes de comenzar los preparativos Edith se carteó con Alice, su suegra en Suiza. Alice era el único vínculo de unión que existía entre Edith y los hermanos de ésta en Estados Unidos, por lo que Alice se apresuró a transmitir a ambas partes que todos estaban bien por el momento; Edith, las niñas y Otto seguían viviendo en Holanda con aparente calma pese al racionamiento y a los acosos a los judíos, y los hermanos de Edith, que habían conseguido marcharse a América, se habituaban a su nueva vida lejos de toda amenaza; Alice, por su parte, estaba bien, pero indudablemente la preocupaba la suerte de su hijo y su familia. Pronto las noticias por uno y otro lado acabarían interrumpiéndose.

1942 quedaría grabado en la memoria de todos los miembros de la familia Frank y Van Pels, pues sería su último año de libertad; ambos celebrarían juntos la Pascua judía como más tarde harían en el escondite, pero siempre anhelarían su casa, su gente, su vida…Todos trataron de que la celebración transcurriera con aparente normalidad, pretendieron, por un día, sentirse ajenos al horror que les acechaba y recordar los buenos tiempos; los mayores trataron de llevarse cada detalle en su memoria; mientras que sus hijos vivieron el festejo con alegría, inconscientes todavía de que en pocos días deberían abandonar su casa y su cotidianeidad para hacer un duro paréntesis en sus vidas que tenía principio claro pero no final.

Otto ultimaba detalles en su empresa; Pectacon fue liquidada, y el dinero sobrante se ingresó en el Nederlandse Bank, pero siguió funcionando encubierto bajo el nombre de Gies & Co., y tal actividad se extendió incluso al período de guerra; todo se llevaría desde la oficina situada en la casa donde habitarían los ocho prófugos judíos.

Otto y Hermann empezaron a hacer los últimos recados en compañía de sus dos secretarias con el fin de que los proveedores las conocieran y las diesen un trato favorable cuando las cosas se complicaran; todo debía zanjarse cuidadosamente pues una vez que las dos familias entraran en el escondite, ya no habría posibilidad de rectificar nada, sería como si la tierra se los hubiera tragado por lo que los días de los preparativos hubieron de ser tratados con cautela.

Lo primero que había que hacer era acondicionar el escondite; la *Casa de atrás* llevaba mucho tiempo sin ser utilizada, a excepción de su esporádico inquilino, Arthur Lewinsohn, un amigo de Otto que, bajo su permiso, realizaba allí experimentos de tipo farmacéutico y ungüentos, hasta que Otto, decidido a poner en marcha el plan, hubo de pedirle que abandonase tal lugar para reutilizarlo como almacén; no se atrevió a contarle sus verdaderos propósitos ni a Arthur.

Un hombre que trabajaba para la empresa del hermano del señor Kleiman, P.J. Genot, se encargó de limpiar concienzudamente la *Casa de atrás*. Para evitar que los enseres que Otto y Hermann transportaban fueran sometidos a una inspección, como solía acaecer con los judíos que transportaban objetos por la calle, argumentaron que dichos útiles eran trasladados para su restauración o limpieza y poco a poco los iban depositando en casa de Kleiman a la espera del momento oportuno para llevarlos a su enclave definitivo.

Todo aquello que era fácil de trasladar sin demasiadas complicaciones como la comida enlatada, las mudas y demás objetos poco llamativos fueron siendo transportados diariamente por los trabajadores de la empresa conocedores del plan; y, por último, los muebles y el resto de los objetos pesados, fueron depositados en el edificio durante la noche, en horario posterior al de oficina, para evitar ser vistos por los trabajadores. El medio de transporte utilizado para realizar la mudanza fue una camioneta de la misma compañía que había realizado la limpieza, *Cimex*; ningún vecino sospechó nada, pues gracias a la habilidad y buen hacer de todos los implicados en el plan de ocultamiento de los judíos, los que les vieron creyeron que el continuo movimiento de objetos se debía a la instalación de la nueva empresa allí montada.

El anexo fue siendo acondicionado poco a poco, ningún trabajador de la empresa debía saber lo que los hombres de confianza de Otto estaban realizando para ayudarlo; por lo que la adaptación se realizaba durante la noche o los fines de semana, y se tapaban cuidadosamente las ventanas para evitar las miradas indiscretas.

Las niñas de los Frank no sabían muy bien qué era lo que su padre estaba tramando con el transporte continuo de objetos, pues éstos prefirieron mantenerlas al margen de los preparativos para que pudieran disfrutar libremente de sus últimos momentos por las calles de Holanda en compañía de sus amigas. Ana, la más pequeña, todavía encontraba formas para entretenerse sin violar las miles de leyes prohibitivas que recaían sobre los judíos; y uno de los juegos que más gustosamente llenaba sus horas libres era el ping-pong, tanto se habían aficionado a este juego que incluso decidió crear junto con sus amigas un club privado, al que llamaron *La Osa Menor menos dos,* un nombre curioso al que ella misma dió explicación en su diario: *Buscábamos un nombre original, y como las socias somos cinco pensamos en las estrellas, en la Osa Menor. Creíamos que estaba formada por cinco estrellas, pero nos equivocamos: tiene siete, al igual que la Osa Mayor. De ahí lo de «menos dos».*

Todos los días las cinco niñas, Ilse, Lies, Jacque, Sanne y Ana, solían ir a jugar una partida a casa de Ilse Wagner, que además de tener un estupendo juego de ping-pong contaba con una amplia mesa en el comedor donde las jovencitas podían jugar siempre que se les antojara. Tras concluir el juego Ana y las otras cuatro paseaban hasta la heladería más cercana, aunque eso sí, que sirviera helados a los judíos. Ana lo cuenta con tal naturalidad que parece no ser consciente del odio tan arraigado que sienten los nazis por los judíos, y más si éstos eran alemanes, como ocurría con Ana y su familia, a lo que habría que sumar, en tal caso, la presión a la que también eran sometidos por los judíos holandeses. Ana, en su diario, apenas presta importancia al hecho de que no pudiera ir a la heladería que se le antojase ni que no le estuviera permitido el sentarse en la misma; es como si los desprecios nazis los dejara a un lado para centrarse principalmente en los asuntos banales de una preadolescente, tal como su gusto por coquetear y seducir a los chicos:

> *(…), nuestras partidas suelen terminar en una visita a alguna de las heladerías más próximas abiertas a los judíos, como Oase o Delphi. No nos molestamos en llevar nuestros monederos, porque Oase está generalmente tan concurrido que entre los presentes siempre hay algún señor dadivoso perteneciente a nuestro amplio círculo de amistades, o algún admirador, que nos ofrece más helado del que podríamos tomar en toda una semana.*

100

Durante su estancia en el anexo, Ana también escribió una serie de cuentos que han sido recogidos por la editorial Plaza & Janés y traducidos al castellano por Juan Cornudella y Ana María de la Fuente; en uno de esos cuentos titulados *¿Sabes una cosa?*: *Recuerdos de mi época de estudiante del Instituto para judíos* Ana recordará los momentos previos a su reclusión voluntaria de forma positiva, resaltando ese gusto por conquistar y engatusar al sexo opuesto:

¿Sabes una cosa? Me gusta hablar de la escuela, de mis profesores, de mis aventuras y de mis amigos. ¡Qué hermoso era todo cuando hacíamos vida normal! El año que asistí al Instituto fue maravilloso. Los profesores, las lecciones, las bromas, las miradas, los enamoramientos y los pretendientes. (…).

Espero que, algún día, volverán aquellos felices tiempos del colegio.

Margot, al igual que Ana, también pasaba sus ratos de ocio en compañía de sus amigos y le gustaba jugar al ping-pong en casa de alguno de ellos, aunque Margot, siempre reservada e inteligente, no frivolizaba ni pasaba por alto la amenaza nazi; pese a los intentos de sus padres para tranquilizarla y no dar demasiada importancia a las continuas restricciones, Margot podía intuir que se avecinaban momentos muchos más difíciles de los vividos hasta ahora aunque, evidentemente, jamás pensó que los nazis fueran capaces de matar a los judíos con esa frialdad. Las niñas nunca habían visto un campo de concentración y no creían que los alemanes fueran capaces de exterminarlos masivamente, ¿por qué iban a querer aniquilarlos si ellos no habían hecho nada más que mantener su religión?; y esa era la pregunta que rondaba la cabeza de miles de judíos.

A Ana, un buen día, le robaron su bicicleta, y como el transporte público estaba vedado a los judíos debía caminar una media hora diaria para llegar al colegio; aquello sí que era duro para un niño pues no entendía por qué se les despreciaba de ese modo únicamente por ser judío:

¡Qué bochorno! Nos estamos asando, y con el calor que hace tengo que ir andando a todas partes. Hasta ahora

no me había dado cuenta de lo cómodo que puede resultar un tranvía, sobre todo los que son abiertos, pero ese privilegio ya no lo tenemos los judíos: a nosotros nos toca ir en el «coche de San Fernando» (...).
El único medio de transporte que nos está permitido tomar es el transbordador. El barquero Jozef Israëlskade nos cruzó nada más pedírselo. De verdad, los holandeses no tienen la culpa de que los judíos padezcamos tantas desgracias.

En marzo se prohibieron los matrimonios entre judíos y no judíos y ya el 29 de abril, todo judío debía llevar por ley la estrella judía de seis puntas colocada visiblemente en la ropa; la estrella tenía que medir un palmo y estar ribeteada en negro. El judío que se arriesgase a no llevarla se enfrentaba a la cárcel o a pagar una multa que ascendía a mil florines; fue una ley muy drástica que propició incluso levantamientos entre los no judíos que consideraron que aquello de marcar a los judíos como a animales era demasiado; pero los nazis tenían amenazada a la población, y el que se revelara contra el régimen sabía que se exponía a un grave peligro; por lo que los judíos no tuvieron más remedio que llevar la estrella con mayor o menor orgullo.

Los matrimonios y las relaciones sexuales entre judíos y no judíos fueron prohibidos así como los enlaces de los mismos en el ayuntamiento; quizá producido por el amplio número de ellos que tuvieron lugar con la tamizada intención de evitar la citación que reclamaba a todos los hombres judíos que se encontrasen entre los dieciocho y los cincuenta y cinco años de edad, siendo los solteros entre dieciocho y cuarenta años los primeros en ser deportados.

Otto y su familia hubieron de llevar la estrella judía como el resto; pensaban que si obedecían a cada uno de los mandatos nazis, no recibirían castigos y evitarían que su ira empeorara la terrible situación que estaban viviendo; pero ser sumisos no les otorgaría ningún privilegio ni les libraría de los atroces planes a los que los nazis tenían pensado someterles.

El Consejo judío hubo de lanzar paulatinamente convocatorias a los judíos; las primeras se dirigieron a los que se encontraban sin trabajo, principalmente porque habían sido despedidos con anterioridad, y se les llamaba para que acudiesen a los campos de trabajo holandeses; posteriormente, varios judíos fueron trasladados a Westerbork, y otros tantos de Zaandam a Ámsterdam donde eran fácilmente víctimas de los nazis. Seguidamente más apátridas residentes en Hilversum fueron conducidos a Westerbork y Asterdorp, y, mientras esto ocurría en los meses de enero y febrero, en marzo, parados y hombres de edades comprendidas entre los dieciocho y los cuarenta años fueron conducidos al este de Holanda.

En mayo continuaron las citaciones y 3.200 judíos eran la suma que, hasta el momento, había llegado a los diferentes campos de concentración, pero evidentemente las cifras no se detendrían ahí, pues seguían pidiendo más hombres al Consejo judío. Durante ese mes las leyes prohibitivas para con los judíos empezaron a sucederse a tal velocidad que ni los propios judíos sabían qué les estaba permitido hacer y qué no, aunque realmente no tenían un campo demasiado amplio de posibilidades. La división entre judíos y no judíos estaba claramente marcada; el contacto que se permitía entre ambos era mínimo y pronto llegaría a ser nulo pues los judíos eran considerados personas indeseables, tanto era así que al inicio del verano se aprobó la terrible resolución que se puso en funcionamiento a partir de julio: los judíos serían llevados al este para ser vejados y exterminados en los campos de concentración.

Mientras tanto, Ana continuaba ajena a todo esto, y así se mantendría hasta la llegada de su cumpleaños el 12 de junio de 1942; Ana había cumplido trece años y como regalo recibiría el diario que años después la rescataría del anonimato y daría a conocer su historia en todo el mundo. Aquel regalo, aunque causó mucha ilusión a la niña, no fue una sorpresa pues ella misma acudió a la tienda en compañía de su padre para elegirlo. Ese diario, fotografiado tras la muerte de Ana, no era como el típico objeto que pudiéramos imaginar al oír inmediatamente esa palabra, sino que era un álbum de autógrafos con tapas forradas por una tela de cuadros blancos y rojos, en el que Ana empezará a relatar, primero niñerías y banalidades propias de una joven de su edad algo mimada y presumida, y después, las vivencias de ocho judíos escondidos en el anexo de una antigua casa de los canales de Holanda; donde su voz en primera persona nos ayudará a configurar la imagen de esa adolescente y toda su profundidad y sufrimiento.

103

Los escritos, empezaron pues el día de su cumpleaños, donde Ana le relató a su diario cuáles, además de él, fueron sus regalos:

> *(…) Luego un ramo de rosas y dos ramas de peonías. Papá y mamá me regalaron una blusa azul, un juego de mesa, una botella de zumo de uva que a mi entender sabe un poco a vino (¿acaso el vino no se hace con uvas?), un rompecabezas, un tarro de crema, un billete de 2,50 florines y un vale para comprarme dos libros. Luego me regalaron otro libro, la* Cámara oscura, *de Hildebrand (pero como Margot ya lo tiene he ido a cambiarlo), una bandeja de galletas caseras (hechas por mí misma, porque últimamente se me da muy bien eso de hacer galletas), muchos dulces y una tarta de fresas hechas por mamá. También una carta de la abuela, que ha llegado justo a tiempo, pero eso, naturalmente, ha sido casualidad.*

Después de que Ana abriera ansiosamente todos aquellos regalos la misma mañana de su cumpleaños, Hanneli vino a buscarla para ir juntas a la escuela, y allí Ana repartió entre sus compañeros y profesores las galletas que ella misma había hecho y de las que hablaba en su diario. Por la tarde recibió más regalos: *El club me ha regalado un libro precioso,* Sagas y leyendas neerlandesas, *pero por equivocación me han regalado el segundo tomo, y por eso he cambiado otros dos libros por el primer tomo. La tía Helene me ha traído otro rompecabezas, la tía Stephanie un broche muy mono y la tía Leny un libro muy divertido,* Las vacaciones de Daisy en la montaña. El domingo siguiente al día de su cumpleaños, Ana lo festejó con sus amigos a los que invitó a su casa donde comieron la tarta de fresas que su madre había hecho y asistieron a la proyección que Otto realizó de la película *Rin-tin-tín y el farero: El domingo por la tarde festejamos mi cumpleaños.* Rin-tin-tín *gustó mucho a mis compañeros. Me regalaron dos broches, una señal para libros y dos libros.*

Durante todo este tiempo, los Frank continuaban carteándose con la familia de Otto en Suiza, pero tal contacto, en el que Ana contaba los detalles de su desinhibida juventud a sus primos y abuela, estaba a punto de cesar. Margot fue puesta al corriente de todo el plan de ocultamiento, ya que era un chica madura y capaz de afrontar con serenidad las noticias adversas; pero, por el contrario, Ana más infantil y alocada, no fue informada todavía, decidieron dejarla disfrutar un poco más de sus flirteos, y su nueva víctima fue Hello Silberberg, al que conoció de la siguiente manera:

Ayer por la mañana (23 de junio de 1942) me ocurrió algo muy cómico. Cuando pasaba por el garaje de las bicicletas, oí que alguien me llamaba. Me volví y vi detrás de mí a un chico muy simpático que conocí anteanoche en casa de Wilma, y que es un primo segundo suyo (...). El chico se me acercó algo tímido y me dijo que se llamaba Hello Silberberg. Yo estaba un tanto sorprendida y no sabía muy bien lo que pretendía, pero no tardó en decírmelo: buscaba mi compañía y quería acompañarme al colegio. «Ya que vamos en la misma dirección, podemos ir juntos», le contesté y juntos salimos. Hello ya tiene dieciséis años y me cuenta cosas muy entretenidas.

Hoy por la mañana me estaba esperando otra vez, y supongo que en adelante lo seguirá haciendo.

Hello había nacido en Gelsenkirchen donde sus padres tenían una sastrería, pero a raíz de la *kristallnacht* sus padres, intuyendo el peligro que corrían, abandonaron Alemania para instalarse en Bélgica; Hello fue depositado en un tren y enviado a Holanda donde sus abuelos residían y regentaban un negocio; la idea era que Hello se reuniera de nuevo con sus padres, pero por el momento eso era algo imposible. Hello, que estudiaba diseño de muebles, tenía una novia holandesa, Úrsula, a la que Ana describía como *la dulzura y el aburrimiento personificados,* pero el muchacho había empezado a sentir algo por la joven Ana, su vivacidad y coquetería le estaban cautivando y se comenzaba a sentir profundamente enamorado de ella, en contra de la opinión de sus abuelos que le aconsejaban que continuara su relación con Úrsula, una chica a la que preferían por ser algo mayor que Ana y por mantener entrañables relaciones con la familia; pero Hello no estaba por la labor de hacer caso a los consejos de sus abuelos, y simplemente le dijo a Ana cuando ésta le dejó caer que quizá debería hacerles caso que *el amor no se puede forzar.*

Ana pronto haría gala de su naturalidad, y respetando el deseo de Hello de terminar su relación con Úrsula, le presentó a su familia; Ana describió así sus impresiones:

> *Todo indica que Hello está enamorado de mí, y a mí, para variar, no me desagrada. Margot diría que Hello es un buen tipo, y yo opino igual que ella, y aún más. También mamá está todo el día alabándolo. Que es un muchacho apuesto, que es muy cortés y simpático. Me alegro de que en casa a todos les caiga bien, menos a mis amigas, a las que él encuentra muy niñas, y en eso tiene razón.*

El muchacho fue aceptado sin problemas por los Frank que rápidamente apreciaron su amor por Ana, ésta también lo captó, sabía que estaba loco por ella, y le gustaba saberlo aunque no compartiera ese sentimiento, puesto que su gran amor era y sería Petel.

Entre coqueteos y risas con sus amigas, los días fueron pasando y Ana terminó el curso escolar; le entregaron sus notas sin saber que ya no volvería a reincorporarse al año siguiente. Margot, como era habitual, sacó una notas brillantes y las de Ana fueron mejor de lo esperado:

> *Las notas que me han dado no son nada malas: un solo insuficiente (un cinco en álgebra) y por lo demás todo sietes, dos ochos y dos seises. Aunque en casa se pusieron muy contentos, en cuestión de notas mis padres son muy distintos a otros padres; nunca les importa mucho que mis notas sean buenas o no; sólo se fijan en si estoy sana, en que no sea demasiado fresca y en si me divierto.*

Pero Ana estaba condenada a abandonar su niñez de golpe y a madurar a pasos agigantados; finalmente había llegado el momento de dejarle entrever a la más pequeña el cambio inevitable que estaba a punto de cambiarle la vida; y el encargado de tratar el delicado tema fue la persona que estaba más unida a ella, su querido padre.

Otto procuró abordar el tema sin ser demasiado violento pero sabía que, por muy sutil que fuera, no podría evitar dañar la sensibilidad de su hija que se sentía aterrada ante la idea de tener que recluirse. La conversación mantenida por Ana y su padre sería analizada por la niña dos días después y transcrita en su diario:

> *Hace unos días, cuando estábamos dando una vuelta alrededor de la plaza, papá empezó a hablar del tema de la clandestinidad. Dijo que sería muy difícil vivir completamente separados del mundo. Le pregunté por qué me estaba hablando de eso ahora.*
>
> *—Mira, Ana —me dijo—. Ya sabes que desde hace más de un año estamos llevando ropa, alimentos y muebles a casa de otra gente. No queremos que nuestras cosas caigan en manos de los alemanes, pero menos aún que nos pesquen a nosotros mismos. Por eso, nos iremos por propia iniciativa y no esperaremos a que vengan por nosotros.*

Ana, con sus despiertos ojos, percibió en el hablar de su padre una serenidad y firmeza tan acuciante que la hizo pensar en el pronto cumplimiento de aquellas palabras; Otto se percató del temor de su pequeña, y no queriendo alarmarla, la animó a que no pensara más en ello y a que disfrutase mientras fuera posible de su vida ya que serían sus padres quienes, llegado el momento, se encargarían de disponerlo todo, aunque con lo que Ana no contaba, a pesar de sus acertadas intuiciones, era que el momento del cambio estaba realmente a punto de producirse.

Desde el día en que Ana habló con su padre hasta el domingo 5 de julio habían pasado tan sólo unos cuantos días, la niña seguía coqueteando con Hello y charlando con sus amigas sin presentir que un cambio brutal llegaría de manera drástica y obligaría a efectuar un duro cambio en la vida de la familia Frank. En torno a las tres de la tarde, Hello que se encontraba en casa de Ana, hubo de marcharse e interrumpir su agradable encuentro para realizar unos recados pero el enamorado joven acordó regresar en cuanto terminara sus obligaciones; la niña, siempre gustosa de sentirse admirada y querida por el sexo opuesto, no puso pegas a la posterior vuelta de Hello, y para matar el rato que mediaba hasta la venida de su amigo se sentó de cara al cálido sol en una tumbona de la galería y comenzó a leer un libro; en aquel instante sonó el timbre, y Edith fue a abrir la puerta.

A los pocos instantes Edith abandonó presurosa la vivienda. Ana, que no había escuchado el timbre, se mostró algo inquieta cuando vio a su hermana irrumpir en la cocina con la cara desencajada; había llegado una citación de las SS y Margot le comunicó que era para su padre. Ana cerró inmediatamente su libro y se sentó en el salón con su hermana a la espera del regreso de su madre. Edith había ido a comunicarle al señor Van Daan que debían instalarse en el escondite inmediatamente, pues la temida citación no era para Otto sino para Margot que debía presentarse, según se reflejaba en aquel escrito, a la mañana siguiente ante las SS, junto con otros 4.000 jóvenes judíos que también habían recibido una citación para ser deportados a los campos de trabajo. Ana, que desconocía quién era el verdadero receptor de la carta, estaba indignada con la noticia, jamás permitiría que se llevasen a su adorado padre a aquel infierno:

Me asusté muchísimo. ¡Una citación! Todo el mundo sabe lo que eso significa. En mi mente se me aparecieron campos de concentración y celdas solitarias. ¿Acaso íbamos a permitir que a papá se lo llevaran a semejantes lugares?

Mientras las dos hermanas esperaban temerosas el regreso de sus padres, volvieron a llamar a la puerta; Ana, que esperaba de nuevo la visita de Hello quiso ir a abrirla, pero su temerosa hermana se lo impidió, estaban aterrorizadas, ¿y si no era Hello?; sus dudas y temores se disiparon al escuchar la voz de su madre y del señor Van Daan que hablaban con el joven pretendiente y le hacían desistir en su intento de reencontrarse con la niña; acto seguido entraron en la casa y cerraron la puerta a la espera del regreso de Otto que aquella mañana había salido temprano al asilo judío para hacer una visita a ciertos pacientes. En los rostros de Edith y Hermann se veía claramente reflejada la preocupación, antes de comenzar a hablar de los detalles del plan mandaron a las niñas a su habitación para que fueran haciendo el equipaje con todo aquello que estimaran necesario llevarse; allí, Margot le reveló a su hermana a quién iba realmente destinada la citación, entonces Ana rompió a llorar; fue como si la noticia le abriera los ojos de golpe, y comprendió al instante el horror de la guerra y las palabras que había mantenido con su padre. Cuando Otto regresó a casa sobre las cinco, telefoneó a Kleiman para que se personara en la casa lo antes posible, por su parte, Hermann fue a buscar a Miep, que fue la primera en venir para marcharse con algo de ropa y varios zapatos bajo la promesa de regresar lo antes posible. El nerviosismo y la tensión aumentaban por momentos, y más, al saber que ni dentro de la casa se podía actuar libremente ya que los Frank tenían como inquilino al señor Goldschmidt, un hombre divorciado de unos treinta años que no se decidió a abandonarles hasta las diez de la noche. A las once volvió Miep con Jan para recoger de nuevo parte del equipaje. Cuando todo estuvo dispuesto Otto aprovechó para escribir una última carta a su familia donde les dejaba entrever, de la forma más clara posible, que iban a esconderse, la escritora Carol Ann Lee, en su profundo y largo proceso de documentación, consiguió hacerse con dicha carta que aparece publicada en su libro con el siguiente texto:

Queridísima Leni:
Felicidades en el día de tu cumpleaños; queríamos asegurarnos de que recibirías nuestras felicitaciones el día oportuno, ya que más tarde no tendremos la oportunidad. Te deseamos todo lo mejor desde el fondo de nuestros corazones. Estamos bien y juntos, eso es lo principal. Todo es difícil estos días, pero hay que tomarse las cosas con buen humor. Espero que este año encontremos la paz para así poder reunirnos de nuevo. Es una lástima que ya no pueda escribiros más, pero así son las cosas. Debéis entenderlo. Como siempre, os mando mis mejores deseos,
OTTO.

A este escrito añadirían el resto de la familia sus saludos con la misma brevedad y austeridad que el propio Otto había empleado en su redacción. Acto seguido, todos se fueron a la cama sin apenas probar bocado, el día siguiente sería uno de los más duros de su vida; Ana sabía que aquella iba a ser la última noche que pasaría en su casa, pero los nervios y el cansancio pronto hicieron mella en su frágil cuerpo y cayó rendida al poco tiempo de haberse tendido en la cama, su padre, apenas pudo pegar ojo.

Ya estamos en el escondite

Antes de que amaneciera, la familia Frank al completo estaba ya en pie; el nerviosismo era claramente visible en sus rostros y la preocupación rondaba sus mentes; sería muy difícil describir aquí lo que pudieron sentir aquel día puesto que cada uno vivió ese momento de forma diferente; más o menos conscientes, inquietos o apenados, pero todos sabedores de que su vida estaba a punto de dar un giro drástico, un cambio que les obligaría a permanecer aislados y recluidos del mundo durante un período indefinido de tiempo.

A las cinco y media de la madrugada ya habían terminado de desayunar y comenzaron a vestirse con toda la ropa que les fue posible; sus cuerpos fueron revistiéndose de prendas que una tras otra les recubrían asfixiándose aún más en su angustia, pero sabían que era la única manera de llevarse consigo el mayor número de textiles. A las seis de la mañana todos estaban listos; Margot fue la primera en abandonar su casa, no sin antes haber cogido una cartera repleta de libros y rescatado del olvido la bicicleta que, hasta antes de la prohibición, tantas veces la había hecho el fabuloso servicio de llevarla velozmente y sin apenas esfuerzo por las bellas calles de Ámsterdam.

Miep vino a buscarla y juntas partieron a la *Casa de atrás;* su plan de huída era tan peligroso que el hecho de que Margot fuera en bicicleta no supuso más que un factor de riesgo añadido a tantos otros.

Una hora y media más tarde el resto de la familia Frank abandonaba tras sus pesadumbrosos pasos un pasado lleno de recuerdos para encaminarse a un futuro incierto. La casa quedó revuelta, la mesa del desayuno sin recoger, las camas deshechas, los armarios abiertos… y todo cuidadosamente dispuesto con ese aire desordenado para dar la impresión de una huída rápida y fortuita. No hubo cartas de despedida ni noticias claras para nadie; el único escrito que se encontró fue la nota dirigida al señor Goldschmidt donde se le pedía que entregase a *Moortje*, el gato de la familia, a los vecinos; eso era todo lo que se especificaba.

El día amaneció lluvioso y plomizo, quizá queriéndose solidarizar con esta familia y reflejar por ellos abiertamente el llanto que empapaba sus corazones. Apenas había gente por las calles, Ana lo recordaría con estas palabras:

Así anduvimos bajo la lluvia torrencial, papá, mamá y yo, cada cual con una cartera del colegio y una bolsa de la compra, cargadas hasta los topes con una mezcolanza de cosas. Los trabajadores que iban temprano a trabajar nos seguían con la mirada. En sus caras podía verse claramente que lamentaban no poder ofrecernos ningún transporte: la estrella amarilla que llevábamos era elocuente.

Sólo cuando ya estuvimos en la calle, papá y mamá empezaron a contarme poquito a poco el plan del escondite. Llevaban meses sacando de la casa la mayor cantidad posible de muebles y enseres, y habían decidido que entraríamos en la clandestinidad voluntariamente, el 16 de julio. Por causa de la citación, el asunto se había adelantado diez días, de modo que tendríamos que conformarnos con unos aposentos menos arreglados y ordenados.

Las palabras de sus padres fueron tranquilizando a la joven durante el camino al tiempo que la preparaban para que fuera capaz de asimilar lo que estaba ocurriendo, todo se había precipitado pero Ana se sintió algo más segura al saber que Kugler, Kleiman, Bep y Miep habían decidido ayudarles.

Las primeras en llegar al anexo fueron, atendiendo al orden en que habían salido de Merwedeplein, Miep y Margot; todo marchaba según lo planeado, así que se limitaron a cumplir con lo acordado, Miep cerró la puerta y ocupó su puesto en la oficina mientras que Margot, todavía temblorosa, entró en el escondite y permaneció expectante hasta que llegó el resto de la familia. El escondite estaba algo destartalado; la obligación de mudarse antes de lo previsto había provocado una acuciante falta de orden que se traducía en la multitud de cajas apiladas, polvo y suciedad.

Al llegar el resto de la familia comprobaron con sus propios ojos el panorama desolador que había estado observando Margot. Estaban privados de libertad, aunque ahora la falta de privilegios se la habían autoimpuesto por las circunstancias y tenían que sobreponerse; estaban juntos y eso era lo más importante, habían escapado a los temidos campos de concentración. Así describe Ana la primera impresión que les causó el que sería su nuevo hogar:

> *El cuarto de estar y las demás habitaciones estaban tan atiborradas de trastos que superaban toda descripción. Las cajas de cartón, que a lo largo de los últimos meses habían sido enviadas a la oficina, se encontraban en el suelo y sobre las camas. El cuartito pequeño estaba hasta el techo de ropa de cama. Si por la noche queríamos dormir en camas decentes, teníamos que ponernos manos a la obra de inmediato.*

Nada más penetrar en el anexo, Otto y Ana, tan parecidos en carácter, sacaron fuerzas de flaqueza para tratar de poner algo de orden en el caos reinante, Margot y Edith, por su parte, sólo podían contemplarlos pues estaban completamente abatidas, sin fuerzas, incapaces de asimilar la situación que, aunque conocida, era bastante más dura de lo que habían podido imaginar en los meses de preparativos.

Pronto los vecinos de Merwedeplein se fueron percatando de su ausencia; el primero en tener conocimiento de su partida fue el señor Goldschmidt, que tras leer la nota, según lo dispuesto, entregó el gato a los vecinos. Lo confuso y ambiguo del texto les hizo pensar en que probablemente los Frank habían escapado a Suiza para refugiarse en casa de la hermana de Otto, aunque todo eran conjeturas, pero lo que nunca podían haber imaginado era la cercanía que les separaba realmente de ellos. Pronto, con la llegada de los Van Daan al anexo una semana después, los Frank pudieron conocer todos y cada uno de los rumores que se habían creado en torno a su repentina y fugaz huida:

> *Como es natural, los Van Daan tenían mucho que contar de lo que había sucedido durante la última semana que habían pasado en el mundo exterior. Entre otras cosas*

nos interesaba mucho saber lo que había sido de nuestra casa y del señor Goldschmidt.

El señor Van Daan nos contó lo siguiente:

—El lunes por la mañana, a las 9 horas, Goldschmidt nos telefoneó y me dijo si podía pasar por ahí un momento. Fui enseguida y lo encontré muy alterado. Me dio a leer una nota que le habían dejado los Frank y, siguiendo las indicaciones de la misma, quería llevar al gato en casa de los vecinos, lo que me pareció estupendo. Temía que vinieran a registrar la casa, por lo que recorrimos todas las habitaciones, ordenando un poco aquí y allá, y también recogimos la mesa. De repente, en el escritorio de la señora Frank encontré un bloc que tenía escrita una dirección de Maastricht. Aunque sabía que ella lo había hecho adrede me hice el sorprendido y asustado y rogué encarecidamente a Goldschmidt que quemara ese papel, que podía ser causante de alguna desgracia. Seguí haciendo todo el tiempo como si no supiera nada de que ustedes habían desaparecido, pero al ver el papelito se me ocurrió una buena idea. «Señor Goldschmidt —le dije—, ahora que lo pienso, me parece saber con qué tiene que ver esa dirección. Recuerdo muy bien que hace más o menos medio año vino a la oficina un oficial de alta graduación, que resultó ser un gran amigo de infancia del señor Frank. Prometió ayudarle en caso de necesidad, y precisamente residía en Maastricht. Se me ha ocurrido que este oficial ha mantenido su palabra y que ha ayudado al señor Frank a pasar a Bélgica y de allí a Suiza. Puede decirlo esto a los amigos de los Frank que pregunten por ellos. Claro que no hace falta que mencione lo de Maastricht.

Uno tras otro los conocidos y amigos de algún miembro de la familia Frank fueron enterándose de la supuesta huída a Suiza. Hello, el enamorado de Ana, también recibió la información cuando se presentó en casa de la joven con el propósito de hacerla una de sus habituales visitas; Jacque, la amiga de Margot, recibió igualmente la noticia con sorpresa al acercarse hasta el inmueble para

113

charlar con la hija mayor de los Frank; pero quizá, las que peor asumieron la fugaz partida de esta apreciada familia fueron las inseparables confidentes de Ana, Jacque y Lies.

La joven Lies conoció lo sucedido de boca del señor Goldschmidt, y tras desahogarse con sus padres corrió a contárselo a su amiga Jacque; ambas decidieron regresar al piso de Ana, pensaban que probablemente su amiga les habría dejado alguna pista, la conocían bien y no era común en ella marcharse de ese modo; lo que ellas no sabían era que Ana, en contra de su voluntad, no había podido escribir nada, por mucho que la hubiera gustado despedirse cariñosamente de todos y cada uno de sus amigos eso no habría sido cauto. Las niñas no encontraron la señal que habían venido a buscar, por lo que en su lugar decidieron llevarse algún recuerdo de su amiga, y mientras el señor Goldschmidt las esperaba en la puerta escogieron unas medallas que Ana había ganado en natación.

Ana, por razones obvias, nunca pudo escribir a sus amigas la acordada carta de despedida, pero como siempre guardó en su cabeza esa promesa, decidió saldar su deuda en el anexo; allí, Ana, escribió una carta a su amiga Jacqueline Van Maarsen, donde la animaba a olvidar sus pequeñas rencillas y a que siguieran siendo buenas amigas. Evidentemente la carta no podía salir del escondite ya que colocaría a los ocho judíos en un riesgo innecesario, por ello Ana, que nunca dejó de desear unas amigas con las que poder desahogarse, inventó la respuesta que Jacque podría haberla dado.

El 14 de julio, 700 judíos fueron detenidos en Ámsterdam; el barrio judío era el sitio menos seguro de la ciudad para estos devotos, y la Gestapo acudía periódicamente allí para poder detenerlos masivamente, ya que la gran mayoría no tenía posibilidad de ocultarse ni de huir a otros lugares menos sangrados.

Este arresto indiscriminado de judíos resultó ser una táctica, un arriesgado cebo para atraer a los judíos desaparecidos tras haber recibido la citación. Holanda era un verdadero caos, los judíos cuya presencia era requerida temían acudir al cuartel general de la Gestapo puesto que sabían a ciencia cierta que serían trasladados a un campo de concentración y muy probablemente no saldrían vivos de allí; entendían que su ausencia podría costarle la vida a otros inocentes, pero salvar la suya propia era una prioridad a la que ninguno

114

estaba dispuesto a renunciar. Todos trataban de conseguir papeles desesperadamente, acreditaciones que les libraran de ir a los campos de trabajo, pero era prácticamente imposible evadir el destino trágico que les estaba reservado.

La Gestapo acabó por soltar a varios de los prisioneros capturados fortuitamente en sus casas, pero los que permanecieron arrestados fueron deportados a Westerbork, donde, para albergar a los recién llegados, soltaron a ciertas personas cuya religión judía no estaba del todo probada; estos recién llegados no permanecieron allí demasiado tiempo; pronto fueron trasladados a Auschwitz, el más temido de los campos, donde muchos de ellos murieron en las cámaras de gas.

Ana escribirá en su diario:

A nuestros numerosos amigos y conocidos judíos se los están llevando en grupos. La Gestapo no tiene la mínima consideración con ellos, los carga nada menos que en vagones de ganado y los envía a Westerbork, el gran campo de concentración para judíos en la provincia de Drente. Miep nos ha hablado de alguien que logró fugarse de allí. Debe de ser un sitio horroroso. A la gente no le dan casi de comer y menos de beber. Sólo hay agua una hora al día, y no hay más que un retrete y un lavabo para varios miles de personas. Hombres y mujeres duermen todos juntos, y a estas últimas y a los niños a menudo les rapan la cabeza. Huir es prácticamente imposible. Muchos llevan la marca inconfundible en su cabeza rapada o también la de su aspecto judío.

Si ya en Holanda la situación es tan desastrosa, ¿cómo vivirán en las regiones apartadas y bárbaras adonde les envían? Nosotros suponemos que a la mayoría los matan. La radio inglesa dice que los matan en cámaras de gas, quizá sea la forma más rápida de morir.

Estoy tan confusa por las historias de horror tan sobrecogedoras que cuenta Miep y que también a ella la estremecen. Hace poco, por ejemplo, delante de la puerta de su casa se había sentado una viejecita judía entumecida esperando a la Gestapo, que había ido a buscar una furgoneta para llevársela. La pobre vieja estaba muy ate-

115

morizada por los disparos dirigidos a los aviones ingleses que sobrevolaban la ciudad, y por el relampagueo de los reflectores. Sin embargo, Miep no se atrevió a hacerla entrar en su casa. Nadie lo haría. Sus señorías alemanas no escatiman medios para castigar.

Y algún tiempo después volverá a escribir lo siguiente en torno a la crueldad nazi y a su actuación en Holanda:

> *Afuera es terrible. Día y noche se están llevando a esa pobre gente, que no lleva consigo más que una mochila y algo de dinero. Y aun estas pertenencias se las quitan en el camino. A las familias las separan sin clemencia: hombres, mujeres y niños van a parar a sitios diferentes. Al volver de la escuela, los niños ya no encuentran a sus padres. Las mujeres que salen a hacer la compra, al volver a sus casas se encuentran con la puerta sellada y con que sus familias han desaparecido. Los holandeses cristianos también empiezan a tener miedo, pues se están llevando a sus hijos varones a Alemania a trabajar. Todo el mundo tiene miedo. Y todas las noches cientos de aviones sobrevuelan Holanda, en dirección a Alemania, donde las bombas que tiran arrasan las ciudades, y en Rusia y África caen cientos o miles de soldados cada hora. Nadie puede mantenerse al margen. Todo el planeta está en guerra, y aunque a los Aliados les va mejor, todavía no se logra divisar el final.*

Muchas fueron las personas que, pese a la amenaza nazi, optaron por ayudar a los judíos; esas personas actuaron movidas por diferentes razones pero independientemente de eso salvaron la vida de muchos inocentes con los que mantuvieron una estrecha relación tras la guerra. El señor Van Daan, como Ana le llama en su diario, opinó a este respecto, y su punto de vista ha sido trascrito por la joven con estas palabras:

> *La palabra escondite se ha convertido en un término muy corriente. ¡Cuánta gente no habrá refugiada en un*

escondite! En proporción no serán tantos, naturalmente, pero seguro que cuando termine la guerra nos asombraremos cuando sepamos cuánta gente buena en Holanda ha dado cobijo en su casa a judíos y también a cristianos que debían huir, con o sin dinero. Y también es increíble la cantidad de gente de la que dicen que tiene un carnet de identidad falsificado.

Kugler, Miep y su esposo Jan, Kleiman y su mujer y por último Bep y su padre eran los únicos conocedores de la presencia en el anexo de los ocho prófugos judíos, y la promesa de ayuda que hicieron en un primer momento la mantuvieron durante todo el período de tiempo en que los judíos estuvieron escondidos. Carol Ann Lee en su biografía sobre Ana Frank ha recogido un fragmento de las memorias de Otto en el que se aprecia el tremendo esfuerzo de estas personas:

> *Nadie imaginaba lo que significaba para nosotros que mis cuatro empleados demostrasen ser ayudantes tan sacrificados y auténticos amigos en un momento en el que lo malo prevalecía. Demostraron un verdadero ejemplo de cooperación humana, arriesgándose de verdad al hacerse cargo de nosotros. A medida que pasaba el tiempo esto era cada vez más difícil. Sus visitas diarias nos infundían enormes ánimos. Ana, en particular, esperaba impaciente cada día a que alguien viniera y nos explicara qué estaba pasando fuera. No se perdía nada. Era muy amiga de Bep, la mecanógrafa más joven, y las dos solían cuchichear en un rincón.*

Esconderse era un riesgo, tanto para los escondidos como para los que asumían la responsabilidad de ayudar a los primeros; por este motivo todos los que compartían el secreto del anexo trataron de prever cada mínimo detalle; de este modo, los amigos de Otto colocaron una biblioteca en la puerta que daba a la *Casa de atrás*, con el fin de camuflar y quitarle importancia a la entrada, mientras que los habitantes de la misma trataron de cubrir las ventanas

117

para aislarse de todo posible contacto con la realidad que pudiera suponerles un peligro:

> *Al señor Kugler le pareció que era mejor que delante de la puerta que da acceso a la Casa de atrás colocáramos una estantería, ya que los alemanes están registrando muchas casas en busca de bicicletas escondidas. Pero se trata naturalmente de una estantería giratoria, que se abre como una puerta. La ha fabricado el señor Voskuijl. (Le hemos puesto al corriente de los siete escondidos, y se ha mostrado muy servicial en todos los aspectos.)*
> *Ahora, cuando queremos bajar al piso de abajo, tenemos que agacharnos primero y luego saltar. Al cabo de tres días, todos teníamos la frente llena de chichones de tanto chocarnos la cabeza al pasar por la puerta, demasiado baja. Para amortiguar los golpes en lo posible, Peter ha colocado un paño con virutas de madera en el umbral. ¡Veremos si funciona!*
> *(...) También con respecto a otras cosas tenemos mucho miedo de que los vecinos puedan vernos u oírnos. Ya el primer día tuvimos que hacer cortinas, que en realidad no merecen ese nombre, ya que no son más que unos trapos sueltos, totalmente diferentes entre sí en forma, calidad y dibujo. Papá y yo, que no entendemos nada del arte de coser, las unimos de cualquier manera con hilo y aguja. Estas verdaderas joyas las colgamos luego con chinchetas delante de las ventanas, y ahí se quedarán hasta que nuestra estancia aquí acabe.*
> *A la derecha de nuestro edificio se encuentra una filial de la compañía Keg, de Zaandam, y a la izquierda una ebanistería. La gente que trabaja allí abandona el recinto cuando termina su horario de trabajo, pero aun así podrían oír algún ruido que nos delatara. Por eso, hemos prohibido a Margot que tosa por las noches, pese a que está muy acatarrada, y le damos codeína en grandes cantidades.*

Ellos, los protectores, decidieron ayudarlos libremente y los judíos sabían que debían su seguridad a esas personas; por ello,

118

siempre trataron de ser respetuosos y agradables y mostrarse servi-
ciales a la hora de acatar todas las tareas que sus cuidadores les
encargaban para que las realizaran desde la clandestinidad; Ana se
lo contó a su *querida Kitty:*

> *Tenemos una nueva actividad: llenar paquetes con salsa*
> *de carne (en polvo), un producto de Gies & Cia.*
> *El señor Kugler no encuentra gente que se lo haga, y*
> *haciéndolo nosotros también resulta mucho más barato.*
> *Es un trabajo como el que se hace en las cárceles, muy*
> *aburrido, y que a la larga te marea y hace que te entre la*
> *risa tonta.*
> *(...) Ayer tuvimos mucho trabajo; tuvimos que des-*
> *huesar dos cestas de cerezas para la oficina. El señor*
> *Kugler quería usarlas para hacer conservas.*

Pero, con todo, lo que los ocho judíos puedan llegar a hacer no
es ni mínimamente comparable con la labor de sus protectores que
no sólo deben ocuparse de ese lastre sino que además tienen que
seguir con su vida normal; para los escondidos en la *Casa de atrás*
el tiempo pasa lento y, por lo general, tranquilo, están aislados del
mundo y por tanto tienen una visión parcial de los acontecimientos mientras que para los que cuidan de ellos el peligro es algo pal-
pable con el que deben enfrentarse todos los días. Bep fue uno de
los principales vínculos de unión entre los judíos y el mundo exterior, y se entregó en cuerpo y alma a los escondidos para tratar de
solventar todas sus necesidades, y esas tareas diarias que la encomendaban acababan quitándole mucho tiempo para su trabajo de
oficina y su vida privada, lo que unido al miedo y la tensión concluía por minarle los ánimos en ciertas ocasiones. Bep, como deci-
mos, fue un claro ejemplo de esa tensión continua que perseguía a
los salvadores y Ana, siempre muy observadora lo percibía claramente.

Los judíos debían de estar enormemente agradecidos a estas
personas que les prestaban su tiempo y una dedicación plena, y
lógicamente temían que algo pudiera sucederles; primero porque

eran unas personas fabulosas, y segundo porque si algo les ocurría a sus protectores indudablemente acabaría afectándoles a ellos:

> *¡Pfff...! ¡Al fin! He venido a descansar después de oír tantas historias tristes sobre los de la oficina. Lo único que andan diciendo es: «Si pasa esto o aquello, nos veremos en dificultades, y si también se enferma aquella, estaremos solos en el mundo, que si esto, que si aquello...».*

Con todo, en determinadas ocasiones, se acabarían produciendo roces puesto que permanecer oculto mucho tiempo acababa por vencer a las personas que se veían privadas de libertad, y era entonces cuando sus temores afloraban para rebelarse contra quienes les estaban protegiendo, bien poniéndoles pegas a sus peticiones, bien encarándose con ellos o bien, como sucedió en los escondidos del anexo, negándoles algún producto u alimento que habían logrado conservar hasta muy avanzada la guerra, cuando ya era imposible obtenerlo. A pesar de lo censurable de este comportamiento, habría que decir que estas reacciones no eran perpetradas con maldad sino que, por el contrario, eran irracionales y espontáneas y se debían, muy probablemente, al sentido de supervivencia que les llevaba a ver como rivales o enemigos a quienes estaban luchando por salvarles. Un acontecimiento en torno a esto fue el que se produjo en un momento puntual con Dussel:

> *Es un verdadero escándalo que tras acogerlo con tanto cariño para salvarlo de una desgracia segura, se llene el estómago a escondidas sin darnos nada a nosotros. ¿Acaso nosotros no hemos compartido todo con él? Pero peor aún nos pareció lo miserable que es con Kleiman, Voskuijl y Bep, a quienes tampoco ha dado nada. Las naranjas que tanta falta hacen a Kleiman para su estómago enfermo, Dussel las considera más sanas para su propio estómago.*

Ana, como vemos, no puede evitar el criticar esta actitud y considera que deben dar a quienes les están protegiendo todo aquello que no les sea estrictamente prioritario, ya que si algún día sus salvadores se cansaran de ayudarlos estarían perdidos.

Pero si nos detenemos a comentar ciertos conflictos que protagonizaron salvadores y escondidos, no podemos olvidar los que se producían ocasionalmente en la *Casa de atrás;* y de este modo habría que comentar, por un lado, la mala convivencia que protagonizaron Ana y Pfeffer o el señor Dussel, tal y como ella lo llama en su diario; y por otro, los roces entre Ana y la señora Van Daan. Ana nunca mantuvo una especial afinidad con Dussel, pero las tensiones entre ellos se incrementaron cuando ambos hubieron de compartir, no sólo el pequeño espacio del anexo, sino también, la misma habitación, puesto que a su llegada a la casa Margot, que dormía con Ana, se marchó al cuarto de sus padres y Ana hubo de quedarse y compartir el habitáculo con el nuevo inquilino. Dussel, como el resto de los judíos, no llevaba demasiado bien el tener que permanecer encerrado; sobre todo, porque era un hombre al que le gustaba pasear y hacer deporte y además vivía una situación más complicada que la del resto de los habitantes del anexo, sobre todo, si tenemos en cuenta que era el único que estaba solo; no tenía a nadie de su familia en el escondite; y aunque se comunicaba con su esposa mediante cartas que Miep entregaba periódicamente, la soledad le vencía en más de una ocasión.

Dussel era inteligente y serio; y la mayoría de los enfrentamientos que tuvo con Ana vinieron por su interés en corregir determinados comportamientos de la joven. A Ana le ponía nerviosa su manera de actuar y las tensiones entre ambos llegaron a ser tan fuertes que en alguna ocasión Otto hubo de intervenir para llegar a una solución intermedia que beneficiase a ambos; como fue el caso del episodio de la mesita:

Ayer por la tarde le pregunté a Dussel, con permiso de papá (y de forma bastante educada, me parece), si por favor estaría de acuerdo en que dos veces por semana, de cuatro a cinco y media de la tarde, yo hiciera uso del pequeño escritorio de nuestra habitación. Yo escribo ahí todos los días de dos y media a cuatro mientras Dussel duerme la siesta; a otras horas la habita-

ción y el escritorio son zona prohibida para mí. En el cuarto de estar común hay demasiado alboroto por las tardes; ahí uno no se puede concentrar, y además también a papá le gusta sentarse a escribir en el escritorio grande por las tardes.

Por lo tanto, el motivo era bastante razonable y mi ruego una mera cuestión de cortesía. Pero, ¿a qué no sabes lo que contestó el distinguido señor Dussel?

—No.

¡Dijo lisa y llanamente que no!

Yo estaba indignada y no lo dejé ahí. Le pregunté cuáles eran sus motivos para decirme que no y me llevé un chasco. Fíjate cómo arremetió contra mí:

—Yo también necesito el escritorio. Si no puedo disponer de él por la tarde no me queda nada de tiempo. Tengo que poder escribir mi cuota diaria, si no todo mi trabajo diario habrá sido en balde. De todos modos tus tareas no son serias. La mitología, qué clase de tarea es ésa, y hacer punto y leer tampoco son tareas serias. De modo que el escritorio lo seguiré usando yo.

Mi respuesta fue:

—Señor Dussel, mis tareas sí que son serias. En el cuarto de estar, por las tardes, no me puedo concentrar, así que le ruego encarecidamente que vuelva a considerar mi petición.

Tras pronunciar estas palabras, Ana se volvió ofendida e hizo como si el distinguido doctor no existiera. Estaba fuera de mí de rabia. Dussel me pareció un gran maleducado (lo que en verdad era) y me pareció que yo misma había estado muy cortés.

Por la noche, cuando logré hablar un momento con Pim, le conté cómo había terminado todo y le pregunté qué debía hacer ahora, porque no quería darme por vencida y prefería arreglar la cuestión yo sola. Pim me explicó como debía encarar el asunto, pero me recomendó que esperara hasta el otro día dado mi estado de exaltación. (…).

Empecé diciendo:

—(...) Al principio, cuando usted vino aquí, convinimos en que esta habitación sería de los dos. Si el reparto fuera equitativo, a usted le corresponderían las mañanas y a mí las tardes. Pero yo ni siquiera le pido eso, y por lo tanto me parece que dos tardes a la semana es de lo más razonable.

En ese momento Dussel saltó como pinchado por un alfiler:

—(...) ¡Será posible que no pueda trabajar tranquilo en ninguna parte, y que uno tenga que estar siempre peleándose contigo! Si la que me lo pidiera fuera tu hermana Margot, que tendría más motivos que tú para hacerlo, ni se me ocurriría negárselo, pero tú...

Y luego siguió la misma historia sobre la mitología y el hacer punto, y Ana volvió a ofenderse. (...).

—Pero ya está visto que contigo no se puede hablar. Eres una tremenda egoísta. Con tal de salirte con la tuya, los demás que revienten. Nunca he visto una niña igual. (...).

El hombre hablaba y hablaba (...). Por fin Dussel terminó de desahogarse (...). Corrí a ver a papá y a contarle toda la historia, en la medida en que no la había oído ya. Pim decidió hablar con Dussel esa misma noche, y así fue. Estuvieron más de media hora hablando (...). Finalmente Dussel tuvo que ceder, y se me concedieron dos tardes por semana para dedicarme a mis tareas sin ser molestada.

Con respecto a la señora Van Pels, Ana también tuvo sus más y sus menos con ella; el carácter de la señora irritaba profundamente a Ana, pero la antipatía era mutua, una de las cosas que más molestaba a Ana era la coquetería de la señora:

(...) una fuente permanente de irritación y disgusto para mí es cómo coquetea con papá. Le acaricia la mejilla y el pelo, se sube muchísimo la falda, dice cosas supuestamente graciosas y trata de atraer de esta manera la atención de Pim.

La opinión de Ana con respecto a la señora Van Daan llegó a ser tan negativa que para describir su personalidad llegó a escribir lo siguiente:

> *¡La señora Van Daan es un caso serio! Es un modelo de conducta!... ¡pero de qué conducta! A la señora Van Daan se la conoce por su falta de modestia, su egoísmo, su astucia, su actitud calculadora y porque nunca nada la satisface. A esto se suman su vanidad y su coquetería. No hay más vueltas que darle, es una persona desagradable como ninguna. Podría escribir libros enteros de ella, y puede que alguna vez lo haga. Cualquiera puede aplicarse un bonito barniz exterior. La señora es muy amable con los extraños, sobre todo si son hombres, y eso hace que uno se equivoque cuando la conoce poco.*

Pero las rivalidades no eran únicamente de uno contra uno sino que también los propios miembros de las diferentes familias empezaron a discutir; bien entre ellos, bien unos con otros. El señor y la señora Van Pels o Van Daan protagonizaron monumentales riñas en voz alta sobre diversos temas, el más polémico, el dinero; así un buen ejemplo sería cuando el señor Van Pels quería vender parte del vestuario de la señora, innecesario en el escondite, para poder conseguir algo de dinero extra con el que comprar alimentos y otras necesidades de primera mano, pero la señora, siempre coqueta y algo egoísta, como diría Ana, se negaba a deshacerse de sus pertenencias. Finalmente, la señora accedió a vender su abrigo de conejo en el mercado negro; pero los problemas resurgieron a raíz de que Kleiman trajera el dinero. La señora quería ahorrarlo para poder comprar algo de ropa cuando finalizase la guerra; mientras que el señor se oponía rotundamente a tan disparatada idea, ya que consideraba que lo primordial era vivir desahogadamente durante el tiempo que tuvieran que permanecer ocultos; tras una larga semana, la señora cedió:

> *Aquí ha vuelto a haber ruidosas disputas entre el señor y la señora. Fue así: se les ha acabado el dinero. Quisieron vender un abrigo de invierno y un traje del señor, pero*

nadie quería comprarlos. El precio que pedían era demasiado alto.

Un día, hace ya algún tiempo, Kleiman comentó algo sobre un peletero amigo. De ahí surgió la idea del señor de vender el abrigo de piel de su mujer. Es un abrigo de pieles de conejo que ya tiene diecisiete años. Le dieron 325 florines por él, una suma enorme. La señora quería quedarse con el dinero para poder comprarse ropa nueva después de la guerra, y no fue nada fácil convencerla de que ese dinero era más que necesario para los gastos de la casa. No puedes imaginarte los gritos, los chillidos, los golpes y las palabrotas. Fue algo espeluznante. Los de mi familia estábamos aguardando al pie de la escalera conteniendo la respiración, listos para separar a los contrincantes en caso de necesidad.

Ana, como el resto de los habitantes del anexo, fue un testigo de excepción de las frecuentes riñas entre el matrimonio por las cosas más absurdas; al principio la joven observaba estupefacta unas discusiones verdaderamente subidas de tono, pues no concebía cómo un matrimonio podía gritarse de esa manera públicamente; se sorprendía porque jamás había visto nada igual, ya que sus padres nunca solucionaban así sus diferencias, pero con el tiempo se fue acostumbrando a esos episodios, lo cual no quería decir que no la afectasen:

(...) Todas esas peleas, llantos y nerviosismos provocan tantas tensiones y esfuerzos, que por las noches caigo en la cama llorando, dando gracias al cielo de que por fin tengo media hora para mí sola.

Los Frank también discutieron entre ellos aunque con menor artificio que la familia anterior y, gracias al contenido de *Kitty*, es posible analizar con detenimiento qué relación familiar mantuvo Ana en el anexo. Lógicamente el permanecer oculto tanto tiempo con tu familia provoca una serie de etapas diferentes con cada uno de los miembros integrantes donde tan pronto te sientes muy apegada a alguien como aborreces su manera de actuar; pero lo que sí

125

se podría resaltar como una característica prácticamente inalterada era la predilección de la niña para con su progenitor.

Papá siempre es bueno, y también mucho más comprensivo (que mamá). (...) Papá al menos me defiende; si no fuera por él, seguro que no aguantaría seguir aquí, o casi.

Indudablemente los refugiados clandestinos vivían llenos de temores, y aunque intentaban vivir con aparente normalidad no podían olvidar los motivos que les habían obligado a esconderse ni su miedo a ser descubiertos; y a todo esto se unía la dificultad de tener que estar encerrados día tras día en un espacio tan pequeño, lo que acabaría provocando una serie de tensiones entre ellos; tensiones y roces la mayor parte de las veces ocasionadas por motivos ridículos pero, dadas las circunstancias, fácilmente comprensibles.

Mamá y la señora Van Daan no hacen muy buenas migas. Motivos para la discordia hay de sobra. Por poner un ejemplo: la señora ha sacado del ropero común todas sus sábanas, dejando sólo tres. ¡Si se cree que toda la familia va a usar la ropa de mamá, se llevará un buen chasco cuando vea que mamá ha seguido su ejemplo! Además la señora está de mala uva porque no usamos nuestra vajilla y sí la suya. Siempre está tratando de averiguar dónde hemos metido nuestros platos; están más cerca de lo que ella supone: en el desván, metidos en cajas de cartón, detrás de un montón de material publicitario de Opekta. Mientras estemos escondidos los platos estarán fuera de su alcance. ¡Tanto mejor!

Margot, en cambio, ocupaba un papel un tanto secundario en sus escritos, ya que su talante tranquilo y su buen corazón la privaron de protagonizar importantes conflictos con su hermana pequeña a la que adoraba; en cambio, Ana, sí censuró y criticó a Margot; ya que a los ojos del resto de los habitantes del anexo era mucho más responsable, inteligente y educada que Ana, y esas comparaciones irritaban a la pequeña de los Frank que se veía envuelta sin proponérselo en una competición irracional con su hermana mayor; sobre todo, si veía que su adorado padre se inclinaba por la primogénita:

> *A Margot no puedo calificarla más que de detestable; me crispa terriblemente los nervios de la noche a la mañana. (…).*
> *Que mamá salga a defender a Margot es normal, siempre se andan defendiendo mutuamente. Yo ya estoy tan acostumbrada a que las regañinas de mamá ya no me hacen nada, igual que cuando Margot se pone furiosa. Las quiero sólo porque son mi madre y Margot; como personas, por mí que se vayan a freír espárragos. Con papá es distinto. Cuando hace distinción entre las dos, aprobando todo lo que hace Margot, alabándola y haciéndole carantoñas, yo siento que algo me carcome por dentro, porque a papá yo lo adoro, es mi gran ejemplo, no quiero a nadie más en el mundo sino a él. No es consciente de que a Margot la trata de otra manera que a mí. Y es que Margot es la más lista, la mejor, la más bonita. (…). No tengo celos de Margot, nunca los he tenido. No ansío ser tan lista y bonita como ella, tan sólo desearía sentir el amor verdadero de papá, no solamente como su hija, sino también como Ana-en-sí-misma.*

Ana tuvo muchos roces con su madre a la que acusaba de no saber comprenderla. El distanciamiento entre ellas era claro, y así Ana eligió un mordaz apodo para su madre, *Mansa,* frente al apodo cariñoso que otorgó a su padre, *Pim.* Bajo el nombre de *Mansa,* muy parecido al de mamá, Ana ocultaba una estrecha relación con las palabras *Mans* o *Man,* lo que dotaba a tal apelativo de una connotación negativa oculta, era como si con ese nombre estuviera llamando a Edith, cada vez que la nombraba, madre imperfecta; aunque ésta jamás intuyó el despropósito de su hija en tal apodo. Las riñas entre madre e hija eran constantes, y esto no sólo entristecía a Edith, que veía cómo su hija se alejaba cada vez más de ella, sino también a Otto, que veía sufrir a su mujer a causa de los despechos que su hija la profesaba.

> *Ayer hubo otro encontronazo; mamá empezó a despotricar y le contó a papá todos mis pecados, y entonces se puso a llorar, y yo también, claro, y eso que tenía un dolor de cabeza horrible. Finalmente le conté a papaíto que le quiero mucho más a él que a mamá. Entonces él dijo que ya se me pasaría, pero no le creo. Es que a mamá no la puedo soportar y me tengo que esforzar muchísimo para no estar siempre soltándole bufidos y calmarme. A veces me gustaría darle una torta, no sé de dónde sale esta enorme antipatía que siento por ella. Papá me ha dicho que cuando mamá no se siente bien o tiene dolor de cabeza, yo debería tomar la iniciativa para ofrecerme a hacer algo por ella, pero yo no lo hago porque no la quiero y sencillamente no me sale. También puedo imaginarme que algún día mamá se morirá, pero me parece que nunca podría superar que se muriera papá.*

Un episodio concreto vendría a corroborar la supuesta antipatía de Ana para con su madre, sería el siguiente:

> *Nuevamente se ha ampliado mi extensa lista de pecados. Anoche estaba acostada en la cama esperando que viniera papá a rezar conmigo y darme las buenas noches, cuando entró mamá y, sentándose humildemente en el borde de la cama, me preguntó:*
> *—Ana, papá todavía no viene, ¿quieres que rece yo contigo?*
> *—No, Mansa —le contesté.*
> *Mamá se levantó, se quedó de pie junto a la cama y luego se dirigió lentamente a la puerta. De repente se volvió, y con un gesto de amargura en la cara me dijo:*
> *—No quiero enfadarme contigo. El amor no se puede forzar. Salió de la habitación con lágrimas en las mejillas.*

Me quedé quieta en la cama y enseguida me pareció mal de mi parte haberla rechazado de esa manera tan ruda, pero al mismo tiempo sabía que no habría podido contestarle de otro modo. No puedo fingir y rezar con ella en contra de mi voluntad. Sencillamente no puedo. Sentí compasión por ella, una gran compasión, porque por primera vez en mi vida me di cuenta de que mi actitud fría no le es indiferente. Pude leer tristeza en su cara, cuando decía que el amor no se puede forzar. Es duro decir la verdad, y, sin embargo, es verdad cuando digo que es ella la que me ha rechazado, ella la que me ha hecho insensible a cualquier amor de su parte, con sus comentarios tan faltos de tacto y sus bromas burdas sobre cosas que yo difícilmente podría encontrar graciosas. De la misma manera que siento que me enojo cuando me suelta sus duras palabras, se encogió su corazón cuando se dio cuenta de que nuestro amor realmente había desaparecido.

Lloró casi toda la noche y toda la noche durmió mal.

Papá ni me mira, y cuando lo hace sólo un momento, leo en sus ojos las siguientes palabras: «¡Cómo puedes ser así, cómo te atreves a causarle tanta pena a tu madre!».

Por suerte, Ana, no siempre será tan fría en sus reacciones, y con el paso del tiempo analizará sus escritos para rectificar ciertas conductas; la niña llegará a entender a su madre y se arrepentirá en buena medida de la crueldad mostrada hacia ella; si bien es cierto que nunca la tratará con el mismo amor natural con que se dirigía a su padre; ambas volverán a ser aparentemente amigas:

Me he recluido en mí misma, me he mirado sólo a mí misma, y he escrito en mi diario de modo imperturbable todas mis alegrías, mofas y llantos. Para mí este diario tiene valor, ya que a menudo se ha convertido en el libro de mis memorias, pero en muchas páginas ahora podría poner: «Pertenece al ayer».

Estaba furiosa con mamá, y a menudo lo sigo estando. Ella no lo comprendía; es cierto, pero yo tampoco la com-

prendía a ella. Cómo me quería, era cariñosa conmigo, pero como también se vio envuelta en muchas situaciones desagradables por mi culpa, y a raíz de ello y de muchas otras circunstancias tristes estaba nerviosa e irascible, es de entender que me tratara como me trató.

Yo me lo tomaba demasiado en serio, me ofendía, me insolentaba y la trataba mal, lo que a su vez la hacía sufrir. Era entonces, en realidad, un ir y venir de cosas desagradables y tristes. De ningún modo fue placentero, para ninguna de las dos, pero todo pasa. El que yo no quisiera verlo y me tuviera mucha compasión, también es comprensible.

Las frases tan violentas sólo son manifestaciones de enfado, que en la vida normal hubiera podido ventilar dando cuatro patadas en el suelo, encerrada en una habitación o maldiciendo a mamá a sus espaldas.

El período en el que condeno a mamá bañada en lágrimas ha quedado atrás; ahora soy más sensata, y los nervios de mamá se han calmado. Por lo general cierro la boca cuando algo me irrita, y ella hace lo mismo, por lo que todo parece marchar mejor. Pero sentir un verdadero amor filial por mamá es algo que no me sale.

Tranquilizo mi conciencia pensando que los insultos más vale confiárselos al papel, y no que mamá tenga que llevarlos consigo en el corazón.

(...) De golpe me he dado cuenta por fin de cuál es el defecto que tiene. Ella misma nos ha contado que nos ve más como amigas que como hijas. Eso es muy bonito, naturalmente, pero, sin embargo, una amiga no puede ocupar el lugar de una madre.

Otto aparece descrito por su hija menor como un hombre que se hacía querer; siempre amable y paciente; aunque Ana también tuvo roces con la persona por la que sentía más admiración, y algunos de ellos se debieron precisamente a la intención mediadora de Otto; ya que cuando cedía en algún problema, a favor del lado opuesto al que se encontraba posicionada su hija menor, se producía un pequeño conflicto entre ambos.

Cuando Ana tuvo que esconderse en el anexo sólo contaba trece años, por lo tanto habrá de vivir la transición que experimenta toda adolescente, siempre difícil por la confusión y falta de identidad que experimenta el joven, en el más absoluto encierro, donde la libertad no tiene cabida y menos aún los rebeldes ensayos de la muchacha, que no hacen otra cosa que enfrentarla repetidamente con su madre, y que la acaban haciendo sentir como una verdadera extraña en su familia:

> *Estos últimos días estoy sintiendo cada vez más claramente que no encajo en mi familia. Se ponen tan sentimentales cuando están juntos, y yo prefiero serlo cuando estoy sola. Y luego hablan de lo bien que estamos y que nos llevamos los cuatro, y de que somos una familia tan unida, pero en ningún momento se les ocurre pensar en que yo no lo siento así.*

Ana consideraba que su familia no la entendía, pero, pese a todo, no quiso buscar a otra persona, se negó a probar suerte con los demás, ni siquiera trató de realizar un acercamiento hacia Peter, el hijo de los Van Daan al que Ana consideraba una persona aburrida y vaga nada parecido a ella. Con el tiempo se dará cuenta de lo equivocada que estaba con respecto a la idea prefijada que se había forjado en torno al muchacho, pero hasta que eso ocurra, continuará sintiéndose atacada por todos y cada uno de los judíos que compartían casa con ella:

> *(...) Hasta ahora siempre he pensado que reñir era cosa de niños, y que con los años se pasaba. Claro que a veces hay motivo para pelearse en serio, pero las rencillas de aquí no son más que riñas de poca monta. Como están a la orden del día, en realidad ya debería estar acostumbrada a ellas. Pero no es el caso, y no lo será nunca, mientras sigan hablando de mí en casi todas las discusiones. Nada, absolutamente nada de lo que hago les cae bien: mi comportamiento, mi carácter, mis modales, todos y cada uno de mis actos son objeto de tremendo chismorreo y de continuas habladurías, y las duras palabras y gritos que me sueltan, dos cosas a las que no estaba acostumbrada,*

131

me las tengo que tragar alegremente, según me ha reco-
mendado una autoridad en la materia. ¡Pero ya no puedo!
Ni pienso permitir que me insulten de esa manera. Ya les
enseñaré que Ana Frank no es ninguna tonta, se queda-
rán muy sorprendidos y deberán cerrar sus bocazas cuando
les haga ver que antes de ocuparse tanto de mi educación,
deberán ocuparse de la suya propia (...).

Lógicamente las discusiones entre familias también se produjeron con bastante asiduidad. En una ocasión, el señor Van Pels se aventuró a hacerle un comentario a Margot referente a su escaso apetito
y no tardó en recibir la contestación exaltada de la madre de ésta; y
es que la señora Frank llevaba muy a mal la poca paciencia que, fundamentalmente, la señora Van Pels demostraba tener con sus hijas.

Kitty fue un testigo de lujo de todas las disputas que se produjeron en esos dos largos años; pero no todo fueron malos ratos ni
discusiones; los judíos también fueron capaces de dejar a un lado
sus diferencias y de disfrutar de buenos momentos en grupo; uno
de esos momentos dignos de recordar fue cuando Ana y Peter se
disfrazaron compartiendo su amor por el teatro, provocando en los
espectadores carcajadas llenas de frescura:

Peter tiene alguna ocurrencia divertida de vez en
cuando. Al menos una de sus aficiones de hacer reír a
todos la comparte conmigo: le gusta disfrazarse. Un día
aparecimos él metido en un vestido negro muy ceñido de
su madre, y yo vestida con un traje suyo; Peter llevaba
un sombrero y yo una gorra. Los mayores se partían de
risa y nosotros no nos divertimos menos.

Los ocho prófugos antepusieron una serie de normas de convivencia que salvaguardaran su integridad, y aunque sus diferencias con respecto a diversos aspectos podían ser fuertes, en este tema trataron de
acatar lo estipulado sin quejas, ya que sabían que esto era por el bienestar de todos. Las comentadas medidas resultaron ser las siguientes:

Durante el día no podemos hacer ruido, para que no
nos oigan desde abajo, y cuando hay otra persona, como

por ejemplo la asistenta, tenemos que prestar más atención aún para no hacer ruido.

Para Ana, la asistenta era uno de los peligros más claros, pero no el único, ya que la presencia tanto de un fontanero, que hubo de venir a resolver un problema y planteó la posibilidad de tener que cambiar las tuberías del anexo como del señor Levinsohn, suponían un grave riesgo; Ana narró en su diario ambas impresiones de la siguiente manera:

> *El miércoles vino el fontanero, y en el lavabo de las oficinas quitó las cañerías que nos abastecen de agua y las volvió a instalar en el pasillo. Este cambio se ha hecho pensando en un invierno frío, para evitar que el agua de la cañería se congele. La visita del fontanero no fue nada placentera. No sólo porque durante el día no podíamos dejar correr el agua, sino porque tampoco podíamos ir al retrete.*

Con respecto a lo último mencionado la hija pequeña de los Frank escribió:

> *Levinsohn, un farmacéutico y químico judío menudo que trabaja para Kugler en la cocina, conoce muy bien el edificio y por eso tenemos miedo de que se le ocurra ir a echar un vistazo en el antiguo laboratorio. Nos mantenemos silenciosos como ratoncitos bebés. ¡Quién iba a decir que «doña Ana puro nervio» debería y podría estar sentada y quietecita horas y horas!*

Pero, si bien, estas venidas eran más o menos esperadas y sus comportamientos previsibles, no podemos olvidar algunas otras visitas inesperadas que provocaron un profundo nerviosismo entre los inquilinos, pero que culminaron con un final feliz como fue el caso del carpintero:

> *Todavía me tiembla la mano, a pesar de que ya han pasado dos horas desde el enorme susto que nos dimos. Debes saber*

que en el edificio hay cinco aparatos contra incendios. Los de abajo fueron tan inteligentes de no avisarnos que venía el carpintero, o como se le llame, a rellenar estos aparatos. Por consiguiente, no estábamos para nada tratando de no hacer ruido, hasta que en el descansillo (frente a nuestra puerta-armario) oí golpes de martillo. Enseguida pensé que sería el carpintero y avisé a Bep, que estaba comiendo, que no podría bajar a la oficina. Papá y yo nos apostamos junto a la puerta para oír cuándo el hombre se iba. Tras haber estado unos quince minutos trabajando, depositó el martillo y otras herramientas sobre nuestro armario (por lo menos, así nos pareció) y golpeó la puerta. Nos pusimos blancos. ¿Habría oído algún ruido y estaría tratando de investigar el misterioso mueble? Así parecía porque los golpes, tirones y empujones continuaban.

Casi me desmayo del susto, pensando en lo que pasaría si aquel perfecto desconocido lograba desmantelar nuestro hermoso escondite. Y justo cuando pensaba que había llegado el fin de mis días, oímos la voz del señor Kleiman diciendo.

—Abridme, soy yo.

Pero el que realmente se consideraba por todos los habitantes de la *Casa de atrás* como una verdadera amenaza era el mozo del almacén, un hombre que había pasado a trabajar en el almacén como sustituto del padre de Bep que padecía cáncer:

Otro hecho nada alentador es que Van Maaren, el mozo del almacén, tiene sospechas relacionadas con el edificio de atrás. A una persona con un mínimo de inteligencia le tiene que llamar la atención la cantidad de veces que Miep dice que va al laboratorio, Bep al archivo y Kleiman al almacén de Opekta, y que Kugler sostenga que la Casa de atrás no pertenece a esta parcela, sino que forma parte del edificio de al lado.

No nos importaría lo que Van Maaren pudiera pensar del asunto, si no fuera porque tiene fama de ser poco fiable y porque es tremendamente curioso, y que no se contenta con vagas explicaciones.

Ciertamente los ocho prófugos judíos tenían motivos serios para preocuparse por su seguridad, y no sólo nos estamos refiriendo a la amenaza que suponían las personas mencionadas, cuya presencia física era conocida, sino también a aquellas personas que irrumpían en el edificio por las noches, sin ser vistos, y pretendían curiosear por el anexo y arrasar cuanto estuviera a su paso con tal de obtener algo que justificara su osadía; eran los ladrones cuya venida hubieron de sufrirla varias veces los habitantes de la *Casa de atrás*.

Ya en marzo de 1943 los ocho prófugos judíos hubieron de pasar por la angustiosa situación de sentir que los ladrones habían entrado en el edificio y cabía la posibilidad de que su escondite quedara al descubierto aunque nunca pudieron saber a ciencia cierta si realmente alguien irrumpió en el inmueble o simplemente los ruidos provenían de los trabajos que estaba llevando a cabo el mozo del almacén:

Mamá, papá, Margot y yo estábamos sentados placenteramente en la habitación, cuando de repente entró Peter y le dijo algo al oído a papá. Oí algo así como «un barril volcado en el almacén» y «alguien forcejeando la puerta».

También Margot había entendido eso, pero trató de tranquilizarme un poco, porque ya me había puesto más blanca que la pared y estaba muy nerviosa, naturalmente. Las tres nos quedamos esperando a ver qué pasaba, mientras papá bajó con Peter. No habían pasado dos minutos cuando la señora Van Daan, que había estado escuchando la radio abajo, subió para decir que Pim le había pedido que apagara la radio y que se fuera para arriba sin hacer ruido. Pero como suele pasar cuando uno no quiere hacer ruido: los escalones de una vieja escalera crujen más que nunca. A los cinco minutos volvieron Peter y Pim blancos hasta la punta de las narices y nos contaron sus vicisitudes.

Se habían apostado a esperar al pie de la escalera, pero sin resultado. Pero de repente escucharon dos fuertes golpes, como si dentro de la casa se hubieran cerrado con vio-

lencia dos puertas. Pim había subido de un salto, pero Peter había ido antes a avisar a Dussel, que haciendo muchos aspavientos y estruendo llegó también por fin arriba. Luego todos subimos en calcetines al piso de los Van Daan (...). Esperamos y esperamos, pero no se oyó nada más. Entonces en realidad todos supimos que los ladrones, al oír pasos en la casa que por lo demás estaba tan silenciosa, se habrían largado. Pero el problema era que la radio de abajo aún estaba sintonizada en la emisora inglesa, con las sillas en hilera a su alrededor. Si alguien forzaba la puerta y los de la defensa antiaérea se enteraban y avisaban a la Policía, las consecuencias podrían ser muy desagradables para nosotros.

Por suerte, aquel acontecimiento no pasó a mayores, y aunque el miedo permaneció en sus cuerpos algunos días después todos acabaron por olvidar la desagradable experiencia, de no ser por otro intento de robo que volvió a sobrecoger sus corazones y a despertar sus miedos ocultos aunque esta vez con más motivos:

Nuevamente han entrado ladrones, pero esta vez ladrones de verdad. Esta mañana a las siete, como de costumbre, Peter bajó al almacén y en seguida vio que tanto la puerta del almacén como la de la calle estaban abiertas. Se lo comunicó enseguida a Pim, que en su antiguo despacho sintonizó la radio alemana y cerró la puerta con llave. Entonces subieron los dos. La consigna habitual para estos casos, «no lavarse, guardar silencio, estar listos a las ocho y no usar el retrete», fue acatada rigurosamente como de costumbre. Todos nos alegrábamos de haber dormido muy bien y de no haber oído nada durante la noche. Pero también estábamos un poco indignados de que en toda la mañana no se le viera el pelo a ninguno de los de la oficina, y de que el señor Kleiman nos dejara hasta las 11:30 en ascuas. Nos contó que los ladrones habían abierto la puerta de la calle con una palanca de hierro y luego habían forzado la del almacén. Pero como en el almacén no encontraron mucho para llevarse, habían probado suerte un piso más arriba. Robaron dos cajas con 40 florines, talonarios en blanco de la caja postal y del banco, y lo peor: todos nuestros cupones de racionamiento del azúcar, por un total de 150 kilos. No será fácil conseguir nuevos cupones.

Y nuevamente la historia volvió a repetirse el 1 de marzo de 1944, así se lo contó Ana a su querido diario, *Kitty*:

> *Anoche cuando el señor Van Daan dejó a las siete y media el despacho de Kugler como de costumbre, vio que la puerta de vidrio y la puerta del despacho estaban abiertas, lo que le sorprendió. Siguió andando y se fue sorprendiendo cada vez más, al ver que también estaban abiertas las puertas del cuartito intermedio y que en la oficina principal había un tremendo desorden.*
> *—Por aquí ha pasado un ladrón —se le pasó por la cabeza.*
> *Para estar seguro al respecto, bajó las escaleras, fue hasta la puerta de entrada y palpó la cerradura: todo estaba cerrado.*
> *—Entonces, los desordenados deben de haber sido Bep y Kugler; apagó la luz, subió al piso de arriba y no se preocupó demasiado por las puertas abiertas y el desorden que había en la oficina principal.*
> *Pero esta mañana temprano, Peter llamó a la puerta de nuestra habitación y nos contó la no tan agradable noticia de que la puerta de entrada estaba abierta de par en par y de que del armario empotrado habían desaparecido el proyector y el maletín nuevo de Kugler.*

En abril de 1944, sin todavía haberse repuesto del susto, han de pasar otra vez por la presencia de unos huéspedes inesperados:

> *Mi suposición era correcta: en el almacén estaban robando.*
> *Papá, Van Daan y Peter bajaron en un santiamén.*
> *Margot, mamá, la señora y yo nos quedamos esperando.*
> *Cuatro mujeres muertas de miedo necesitan hablar, de*

modo que hablamos hasta que abajo oímos un golpe, y luego todo volvió a estar en silencio.

El reloj dió las diez menos cuarto. Se nos había ido el color de las caras, pero estábamos tranquilas, aunque teníamos miedo.

¿Dónde estarán los hombres? ¿Qué habría sido ese golpe? ¿Estarían luchando con los ladrones? Nadie pensó en otra posibilidad y seguimos a la espera de lo que viniera.

A las diez se oyen pasos en la escalera. Papá, pálido y nervioso, entra seguido del señor Van Daan.

—Apagad las luces y subid sin hacer ruido. Es probable que venga la policía (...). Los hombres habían vuelto a bajar, y no fue sino hasta las diez y diez cuando volvieron a subir los cuatro; dos se quedaron montando guardia junto a la ventana abierta de Peter, (...), y luego nos contaron:

Peter había oído fuertes golpes en el descansillo, corrió hacia abajo y vio que del lado izquierdo de la puerta del almacén faltaba una gran tabla. Corrió hacia arriba, avisó al sector combatiente de la familia y los cuatro partieron hacia abajo. Cuando entraron en el almacén los ladrones todavía estaban robando. Sin pensarlo, Van Daan gritó: «policía». Se oyeron pasos apresurados fuera, los ladrones habían huido. Para evitar que la policía notara el hueco, volvieron a poner la tabla, pero una fuerte patada desde fuera la hizo volar de nuevo por el aire. Semejante descaro dejó perplejos a nuestros hombres; Van Daan y Peter sintieron ganas de matarlos. Van Daan cogió un hacha y dio un fuerte golpe en el suelo. Ya no se oyó nada más. Volvieron a poner la madera en el hueco, y nuevamente fueron interrumpidos. Un matrimonio iluminó con una linterna muy potente todo el almacén (...). Muy probablemente el matrimonio de la linterna avisó a la policía.

(...) Dieron las diez y media, las once, ningún ruido; por turnos, papá y Van Daan venían a estar con nosotros. Entonces a las once y cuarto, un ruido abajo. Entre nosotros se oía la respiración de toda la familia, pero por lo demás no nos movíamos. Pasos en la casa, en el despacho

*de papá, en la cocina, y luego...¡en nuestra escalera! Ya no
se oía la respiración de nadie, sólo los latidos de ocho corazones. Pasos en nuestra escalera, luego un traqueteo en la
puerta giratoria. Ese momento no te lo puedo describir.
—¡Estamos perdidos! —dije, y ya veía que esa misma
noche la Gestapo nos llevaría consigo a los quince.
Traqueteo en la puerta giratoria, dos veces, luego se
cae una lata, los pasos se alejan.*

Nuestros judíos parecían tener un ángel de la guarda, puesto que
tres veces habían logrado escapar del peligro, pero, sin duda, aquella había sido la situación límite vivida hasta el momento; apenas
pudieron dormir; y velaron atemorizados, pensando en la posible
venida de la policía, y en su posible arresto, pero afortunadamente
nada de aquello sucedió como lo pronosticaban sus negros augurios;
y Ana reflexionará sobre ese momento en los siguientes términos:

*Ninguno ha pasado jamás un peligro tan grande como el
que pasamos esa noche. Dios nos protegió una enormidad,
figúrate: la policía delante de la puerta del escondite, la luz
del descansillo encendida, ¡y nosotros aun así pasamos inad-
vertidos! «¡Estamos perdidos!», dije entonces en voz baja,
pero otra vez nos hemos salvado. Si llega la invasión y las
bombas, cada uno podrá defenderse a sí mismo, pero esta
vez el miedo era por los buenos e inocentes cristianos.
«¡Estamos salvados, sigue salvándonos!». Es lo único
que podemos decir.*

De todas las visitas inesperadas que sufrieron, quizá la que más
pánico les causó fue una que les pasó totalmente inadvertida y de la
que tuvieron conocimiento *a posteriori;* y no nos estamos refiriendo
a un grupo de ladrones ni a ningún trabajador que desarrollara una
labor específica en la casa, continua o puntual, sino a un hombre con
nombre y apellidos, alguien cuya presencia era tan real como ame-
nazante; el señor F.J. Piron. El motivo por el cual esta persona era
la viva imagen de la catástrofe acechante no era porque pudiera haber
intuido la presencia de los ocho escondidos, al menos no por el

momento, sino por algo mucho más serio a la larga; el señor Piron había comprado el edificio a su antiguo dueño en la primavera de 1943. Kleiman y Kugler no estuvieron al corriente de tal suceso hasta que el nuevo propietario se personó en la oficina del inmueble para advertir a los inquilinos del nuevo cambio de dueño así como para exponerles su deseo de revender la reciente adquisición.

Tras mantener una larga conversación con los hombres de confianza de Otto, Piron les pidió que le mostrasen el edificio; en ese instante un sentimiento de pánico se apoderó momentáneamente de ambos pero pronto entendieron que lo mejor era actuar con normalidad para no levantar sospechas, ya que aquel hombre no parecía estar demasiado interesado en la casa ni dispuesto a enfrentarse con nadie. De este modo los responsables del anexo hicieron de anfitriones y fueron enseñando amablemente el edificio a su propietario; pero al llegar al anexo hubieron de inventar una excusa para no poner en peligro la vida de sus amigos; de este modo salvaron el crítico momento argumentando que habían perdido la llave. Afortunadamente Piron no dudó de su palabra ni mostró un interés especial por el anexo, sino que quedó satisfecho con la visita guiada que le habían proporcionado Kleiman y Kugler y se marchó sin sospechar el secreto que ocultaba la vivienda que acababa de adquirir:

> *No te imaginas lo que nos acaba de pasar: el propietario del edificio ha vendido su propiedad sin consultar a Kugler ni Kleiman. Una mañana se presentó el nuevo dueño con su arquitecto para ver la casa. Menos mal que estaba Kleiman, que les enseñó todo el edificio, salvo nuestra casita de atrás. Supuestamente había olvidado la llave de paso en su casa. El nuevo casero no insistió. Esperemos que no vuelva para ver «la Casa de atrás», porque entonces sí que nos veremos en apuros.*

Cuando los ocho judíos tuvieron conocimiento de la nueva situación se mostraron profundamente afectados; indudablemente una noticia como aquella había hecho estragos en sus volubles ánimos; y llegaron incluso a plantearse la posibilidad de cambiar de escondite; pero esta idea era verdaderamente arriesgada, por lo que decidieron finalmente permanecer en el anexo hasta que las circunstancias les obligaran forzosamente a buscar otra alternativa. Quizá esta fue la mejor opción, pues el nuevo propietario no volvió a darles ningún quebradero de cabeza, es cierto que su visita les alteró profundamente, pero todo continuó como hasta entonces, Piron no supuso para ellos ningún problema, aunque sí dio pie al surgimiento de otro: Gerard van Maaren; el mozo de almacén mencionado anteriormente.

Una vez que se van acostumbrando a la nueva situación el cambio de vida pierde parte del dramatismo inicial, quizá porque no son conscientes de que habrán de vivir allí algo más de dos años, y aunque vivirán momentos muy duros, la joven Ana se sintió animada e incluso se aventuró a escribir en su diario lo que ella llamó *Prospecto y guía de la Casa de atrás,* que vendría a ser una presentación irónica del escondite el cual se ofrecía, como si de un anuncio se tratase, a todos aquellos judíos o personas en situación similar y que, por tanto, se vieran obligadas a permanecer algún tiempo ocultos. En este escrito, confeccionado por el señor Van Pels primeramente y copiado y adaptado por Ana, se apreciaba un mordaz sentido del humor, mediante el cual los habitantes de la *Casa de atrás* fueron capaces de parodiar su crítica situación con tal maestría que a nadie dejó indiferente; comienza así:

> *Abierto todo el año.*
> *Convenientemente situado, en zona tranquila y boscosa en el corazón de Ámsterdam. Sin vecinos particulares (sólo empresas). Se puede llegar en las líneas 13 y 17 del tranvía municipal, en automóvil y en bicicleta. En los casos en que las autoridades alemanas no permitan el uso de estos últimos medios de transporte, también andando.*
> *Disponibilidad permanente de pisos y habitaciones, con pensión incluida o sin ella.*
> *Alquiler: gratuito.*
> *Dieta: sin grasas.*
> *Agua corriente: en el cuarto de baño (sin bañera, lamentablemente) y en varias paredes y muros. Estufas y hogares de calor agradable.*

Amplios almacenes: para el depósito de mercancías de todo tipo. Dos grandes y modernas cajas de seguridad. Central de radio propia: con enlace directo desde Londres, Nueva York, Tel Aviv y muchas otras capitales.

Este aparato está a disposición de todos los inquilinos a partir de las seis de la tarde, no existiendo emisoras prohibidas, con la salvedad de que las emisoras alemanas sólo podrán escucharse a modo de excepción, por ejemplo, audiciones de música clásica y similares. Queda terminantemente prohibido escuchar y difundir noticias alemanas (indistintamente de donde provengan).

Horario de descanso: desde las 10 de la noche hasta las 7:30 de la mañana, los domingos hasta las 10:15. Debido a las circunstancias reinantes, el horario de descanso también regirá durante el día, según indicaciones de la dirección. ¡Se ruega encarecidamente respetar estos horarios por razones de seguridad!

Y es precisamente en este punto donde se observa con mayor claridad la ironía. No pueden hacer ruido, sobre todo durante las horas de trabajo en la oficina. Esta condición era realmente dura, sobre todo si la enfocamos desde la mirada de nuestra joven protagonista, siempre inquieta y llena de vida.

Tiempo libre: suspendido hasta nueva orden por lo que respecta a actividades fuera de casa. Por lo que la única manera posible de imaginarse el mundo exterior era a través de los sucios cristales de la casa desde donde lograron captar algunas instantáneas de las terribles consecuencias de la guerra; como las imágenes descritas por Ana donde los protagonistas indiscutibles de la catástrofe eran los niños que deambulaban por las gélidas calles de Ámsterdam con roídas prendas veraniegas.

Uso del idioma: es imperativo hablar en voz baja a todas horas; admitidas todas las lenguas civilizadas; o sea, el alemán no.

142

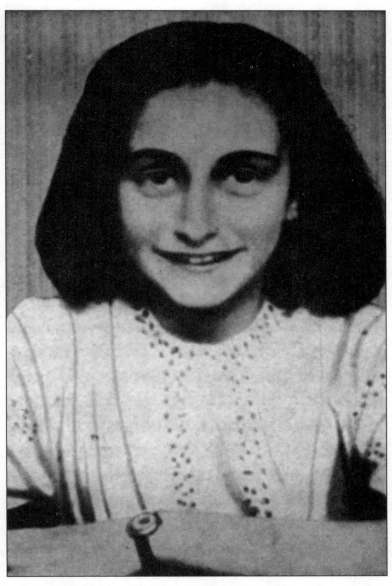

Ana Frank nació en Frankfurt el año 1929 y murió en el campo de concentración de Bergen-Belsen en 1945.

Lectura y entretenimiento: no se podrán leer libros en alemán, excepto los científicos y de autores clásicos; todos los demás, a discreción.

Ejercicios de gimnasia: a diario.

Canto: en voz baja exclusivamente, y sólo después de las 18 horas.

Cine: funciones a convenir.

Clases: de taquigrafía, una clase semanal por correspondencia; de inglés, francés, matemáticas e historia, a todas horas; retribución en forma de otras clases, de idioma holandés, por ejemplo.

Sección especial: para animales domésticos pequeños, con atención esmerada (excepto bichos y alimañas, que requieren un permiso especial).

Reglamento de comidas:

Desayuno: todos los días, excepto domingos y festivos, a las 9 de la mañana; domingos y festivos, a las 11:30 horas, aproximadamente.

Almuerzo: parcialmente completo. De 13:15 a 13:45 horas.

Cena: fría y/o caliente; sin horario fijo, debido a los partes informativos.

Obligaciones con respecto a la brigada de aprovisionamiento: estar siempre dispuesto a asistir en las tareas de la oficina.

Aseo personal: los domingos a partir de las 9 de la mañana, los inquilinos pueden disponer de la tina; posibilidad de usarla en el lavabo, la cocina, el despacho o la oficina principal, según preferencias de cada uno.

Bebidas fuertes: sólo por prescripción médica.

Fin.

Como se desprende del texto, Ana va tratando diversos aspectos de la vida en el anexo punto por punto, y sobre cada uno de ellos, por muy duros que sean, realiza un comentario ingenioso a modo de orientación para los posibles inquilinos que decidan, tras leerlo, instalarse allí, lo cual es del todo imposible dada su férrea clandestinidad; pero en definitiva, lo que se desprende claramente del conjunto es la fuerte crítica que la joven vierte sobre los alemanes a los que, lógicamente, ve como indiscutibles culpables de la situación que tanto a ellos como a miles de judíos les está tocando vivir, y ese odio, fruto de la represión, se desliza en cada una de las frases.

Durante la estancia en el anexo, Ana pasará distintas fases anímicas como les sucedió también a los otros habitantes; de este modo, unas veces se sentirá agradecida por su condición de escondida y otras se lamentará de tener esa suerte; no sólo porque opine que no merece ser ayudada sino porque considere que quizá hubiera sido mejor morir cuando los judíos fueron recluidos en los campos de concentración que tener que pasar por tanta miseria y privación.

El tiempo se hacía pesado sin poder salir a la calle; siempre encerrada, viendo pasar los años a través de un cristal, sin sentir el aire fresco rozando su cara, sin poder respirar la libertad. Por ello, Ana y los otros tenían que intentar ocupar continuamente su cabeza en actividades mentales como estudiar o leer; gracias a los libros se transportaran a otros lugares, a otros universos paralelos a través del espacio y del tiempo sin necesidad de abandonar la habitación en la que se encontraban. Las personas que cuidaban de ellos eran también un soplo de aire fresco puesto que siempre trataban de amenizar con sus visitas el tiempo que pasaban en compañía de los escondidos. Para ello, procuraban no tratar temas hirientes o dolorosos como la cruda realidad en torno al Holocausto judío, sino que intentaban charlar sobre asuntos amenos: una película recién estrenada, los actores que la protagonizaban, el tiempo..., aunque inevitablemente los habitantes del anexo no podían pasar por alto ciertas preguntas en torno al desarrollo de la guerra que acababan deslizándose entre sus labios y poniendo en apuros a sus interlocutores, quienes concluían dándoles toda la información que requerían en torno al conflicto, y que venía a corroborar lo que habían escuchado en *Radio Orange,* la radio inglesa que escuchaban asiduamente.

Es cierto que tales noticias no hacían sino minar más su ánimo; pero mantenerles en la ignorancia era igualmente duro y cruel, ya que del desarrollo de la guerra dependía, al fin y al cabo, su pronta libertad. Luego sus amigos, junto con la radio y los periódicos que éstos les proporcionaban eran una fuente fidedigna de información que les llevaba algo de realidad al mundo de aislamiento en el que vivían. Y así, entre anécdotas puntuales y monótonas rutinas la vida de los escondidos avanzaba al igual que lo hacía la guerra. En los dos largos años de reclusión se produjeron continuos enfrentamientos o declaraciones que unas veces deprimieron a los judíos y otras les alentaron al pronosticar la pronta finalización del conflicto. Una de aquellas noticias cargada de falsas esperanzas fue la que recibieron el 9 de diciembre de 1942:

> *La mayor sorpresa nos la dio el señor Van Daan, cuando nos informó que los ingleses habían desembarcado en Túnez, Argel, Casablanca y Orán.*
>
> *«Es el principio del fin» dijeron todos, pero Churchill, el primer ministro inglés, que seguramente oyó la misma frase en Inglaterra, dijo: «Este desembarco es una proeza, pero no se debe pensar que sea el principio del fin. Yo más bien diría que significa el fin del principio».*

Y ante la avalancha de confusas noticias al respecto del desarrollo de la guerra todos se apresuraban a hacer en voz alta sus valoraciones:

> *Según Pim, la invasión se producirá en cualquier momento. Churchill ha tenido una pulmonía, pero se está restableciendo. Ghandi, el independentista indio, hace su enésima huelga de hambre.*
>
> *La señora asegura que es fatalista. ¿Pero a quién le da más miedo cuando disparan? Nada menos que a Petronella Van Daan.*
>
> *Jan Gies nos ha traído una copia de la carta pastoral de los obispos dirigida a la grey católica. Es muy bonita y está escrita en un estilo muy exhortativo. «¡Holandeses, no permanezcáis pasivos! ¡Que cada uno luche con sus propias armas por la libertad del país, por su pueblo y por su religión! ¡Ayudad, dad, no dudéis!». Esto lo exclaman sin más ni más desde el púlpito. ¿Servirá de algo?*

Pese a todo, los judíos tratan de mantener la esperanza, de ser positivos y por ello, cualquier noticia mínimamente alentadora actúa como un trozo de madera para un náufrago en mitad del océano:

Turquía ha entrado en guerra. Gran agitación. Esperamos con gran ansiedad las noticias de la radio.

De esta forma, las buenas noticias parecían sobresalir por encima de las negras humaredas creadas tras los bombardeos. Tantas penurias e injusticias debían terminar. ¿El final estaba realmente cerca?

(...) era una noticia gratísima, quizá la más grata que hayamos tenido desde que comenzó la guerra. Ha renunciado Mussolini. El rey-emperador de Italia se ha hecho cargo del gobierno.
(...) En Italia, el partido fascista ha sido prohibido. En muchos sitios el pueblo lucha contra los fascistas, y algunos militares participan en la lucha. ¿Cómo un país así puede seguir haciéndole la guerra a Inglaterra?
(...) El miércoles 8 de septiembre a las 8 de la tarde estábamos escuchando la radio, y lo primero que oímos fue lo siguiente: «(...) cuando acababa de redactar la crónica llegó a la redacción la muy grata noticia de la capitulación de Italia...».

Pero el final estaba aún muy lejano y noticias tales como una tregua minaban cualquier ápice de esperanza. Cuatro años transcurridos desde la invasión se hacían tremendamente largos y los ocho judíos parecían, a medida que pasaba el tiempo, estar poseídos por las ondas de la radio; cada día la dependencia que poseían con el aparato era mayor y la necesidad de escuchar la noticia del final de la guerra actuaba como una droga en sus mentes. Ana llegará a sentirse francamente agotada con esta rutina. Las notas esporádicas en torno al desarrollo de la guerra serán constantes a lo largo de todo el diario, y en ellas se apreciará lo que de negativo o positivo tenían cada una para la situación de los ocho judíos, pero fuera como fuese las informaciones siempre eran bien recibidas y las últimas noticias que Ana plasmó en *Kitty* en torno a la evolución de la guerra eran espe-

147

ranzadoras, y mostrarán a los lectores el feliz convencimiento de la pronta liberación que rondaba en la mente de los ocho prófugos judíos:

El ambiente ha dado un vuelco total: las cosas marchan de maravilla. Hoy ha caído Cherburgo, Vitebsk y Slobin. Un gran botín y muchos prisioneros, seguramente (...).

Con ese ambiente de esperanza los judíos serán detenidos pero lamentablemente aún deberían padecer mucho.

En el anexo todos mataban el tiempo de una u otra forma; soñar era algo común entre los habitantes. Ana dejaba frecuentemente volar su imaginación mientras contemplaba desde una de las ventanas la naturaleza y analizaba su magnitud. Cualquier intento de evadirse era válido:

Me imagino que...
Viajo a Suiza. Papá y yo dormimos en la misma habitación, mientras que el cuarto de estudio de los chicos (sus primos Bernhard y Stephan) *pasa a ser mi cuarto privado, en el que recibo a las visitas. Para darme una sorpresa me han comprado un juego de muebles nuevos, con mesita de té, escritorio, sillones y un diván, todo muy, pero muy bonito. Después de unos días, papá me da 150 florines, o el equivalente en moneda suiza, pero digamos que son florines, y dice que me compre todo lo que me haga falta, sólo para mí. (Después, todas las semanas me da un florín, con el que también puedo comprarme lo que se me antoje.)*

También les mantenían vivos las ilusiones, los planes de futuro, les reconfortaba pensar y planear qué harían cuando terminase la guerra:

Lo que más anhelan Margot y el señor Van Daan es un baño de agua caliente hasta el cogote, durante por lo menos media hora. La señora Van Daan quisiera irse enseguida a comer pasteles, Dussel en lo único que piensa es en su Charlotte, y mamá en ir a algún sitio a tomar café. Papá iría a visitar al señor Voskuijl, Peter iría al

centro y al cine, y yo de tanta gloria no sabría por donde
empezar.
Lo que más anhelo yo es una casa propia, poder
moverme libremente y que alguien me ayude en las tareas,
o sea, ¡volver al colegio!

Durante el horario de oficina, lo único que podían hacer era concentrarse en tareas intelectuales para no hacer ruido. Diariamente, los jóvenes invertían su tiempo en estudiar, no querían que la guerra les hiciera perder ningún año de estudio, por ello se aplicaban concienzudamente con el fin de reincorporarse a su debido año académico cuando finalizara el conflicto. Ana comentó en su diario cuales eran los gustos literarios y las actividades culturales de cada uno de los habitantes, puesto que a todos, en mayor o menor grado, les gustaba la lectura pues no sólo era una manera de divertirse sino que además era la excusa perfecta para iniciar un nuevo tema de conversación entre unas personas a las que el roce diario y el encierro les privaba de divertidas tertulias.

Los libros que pasaban por los habitantes del anexo eran lógicamente facilitados por los socios y amigos de Otto que los compraban o los adquirían en las bibliotecas; Kleiman también les dejaba muchos de su pertenencia; y Jan hacía lo propio proporcionándoles aquellos que les prestaba un amigo librero; por lo que gracias a unos u otros los habitantes de la *Casa de atrás* nunca veían agotado el suministro de obras literarias y revistas varias. Ana, la más pequeña, no pocas veces hubo de sufrir la censura de sus mayores que seleccionaban los libros que ésta podía o no leer mientras que el resto de los jóvenes, Margot y Peter, no estaban sometidos a tal censura, ya que sus mayores los consideraban más maduros.

A Ana le encantaban las biografías, los libros sobre mitología, las novelas románticas y aquellos escritos que trataban sobre sagas familiares; sobre todo la obra de John Galsworthy *La saga de los Forsythe:*

> *Me has preguntado cuáles son mis pasatiempos e intereses y quisiera responderte, pero te aviso: no te asustes, que son unos cuantos.*

En primer lugar: escribir, pero eso no lo considero un pasatiempo.

En segundo lugar: hacer árboles genealógicos. En todos los periódicos, libros y demás papeles busco genealogías de las familias reales de Francia, Alemania, España, Inglaterra, Austria, Rusia, Noruega y Holanda. En muchos casos ya voy bastante adelantada, sobre todo, ya que hace mucho que llevo haciendo apuntes cuando leo alguna biografía o algún libro de Historia. Muchos párrafos de Historia hasta me los copio enteros.

Y es que mi tercer pasatiempo es la Historia, y para ello papá ya me ha comprado muchos libros. ¡No veo la hora de poder ir a la biblioteca pública para documentarme!

Mi cuarto pasatiempo es la mitología griega y romana. También sobre este tema tengo unos cuantos libros. Puedo nombrarte de memoria las nueve musas y las siete amantes de Zeus, me conozco al dedillo las esposas de Hércules, etc., etc.

Otras aficiones que tengo son las estrellas de cine y los retratos de familia. Me encantan la lectura y los libros. Me interesa mucho la Historia del Arte, sobre todo los escritores, poetas y pintores. Los músicos quizá vengan más tarde. Auténtica antipatía le tengo al álgebra, a la geometría y a la aritmética. Las demás asignaturas me gustan todas, especialmente la Historia.

Kugler le regalaba semanalmente a Ana la revista *Cinema in Theater;* una publicación holandesa a la que milagrosamente no había intoxicado la propaganda nazi, y que a la niña le encantaba leer; pero también gustaba de ciertas reuniones literarias organizadas por su padre en las que cada noche, Otto reunía a su familia y les deleitaba con lecturas de Goethe, Schiller y Corner, ya que le apasionaba transmitir a los demás la sabiduría que se escondía tras las páginas de un buen libro; por ello, el señor Frank no sólo se ocupaba de instruir a su familia sino que también hacía de profesor con los chicos, a los que les enseñaba álgebra, geometría, geografía e historia así como algunos idiomas. Cada uno en la casa procuraba aportar algo a los demás, y de este modo se transmitían conocimientos concretos en torno a materias variadas en las que tenían conceptos avanzados.

Muchos subían al ático para realizar sus deberes con mayor concentración, Ana gustaba de tal lugar porque desde allí podía redactar su diario con calma y espiar a las otras casas que se divisaban desde las ventanas.

Una vez que todos se fueron habituando al escondite y asumieron que *la Casa de atrás* sería su nuevo hogar por un período indefinido de tiempo vinieron las diferentes reacciones; y aunque Ana acogió con entusiasmo en un primer momento la idea de esconderse, luego, con el paso de los días, rectificó tal sentimiento y mostró su pesar por tener que vivir recluida y apartada del mundo:

> *Creo que aquí nunca me sentiré realmente como en casa, con lo que no quiero decir en absoluto que me desagrade estar aquí; más bien me siento como si estuviera pasando una vacaciones en una pensión muy curiosa. Reconozco que es una concepción un tanto extraña de la clandestinidad, pero las cosas son así, y no las puedo cambiar. Como escondite la* Casa de atrás *es ideal; aunque hay humedad y está toda inclinada, estoy segura de que en todo Ámsterdam, y quizás hasta en toda Holanda, no hay otro escondite tan confortable como el que hemos instalado aquí.*

Sin duda, cada uno de los inquilinos trata de hacer todo lo posible para sentirse como en casa, y, por ello, sobre todo los más jóvenes decorarán sus habitaciones con un toque personal:

> *La pequeña habitación de Margot y mía, sin nada en las paredes, tenía hasta ahora un aspecto bastante desolador. Gracias a papá, que ya antes había traído mi colección de tarjetas postales y mis fotos de estrellas de cine, pude decorar con ellas una pared entera, pegándolas con cola. Quedó muy, muy bonita, por lo que ahora parece más alegre.*

151

Este detalle decorativo instalado en la habitación que ocuparon las hijas de los Frank sería otro de los legados personales de Ana para con el mundo, ya que tal decoración subsistirá a su deportación y permanecerá en la casa como parte imborrable del alma de las muchachas. El tiempo ayudó a que los judíos se asentaran e hicieran del escondite su hogar, pero indudablemente no siempre jugó a su favor sino que aquel letargo también fue el causante de muchas alteraciones donde la comida cobró protagonismo; y es que la comida también era un tema que había que tratar con pies de plomo pues era un claro detonante del malestar general que reinaba en el ambiente; y no era de extrañar, pues todo lo que estaban viviendo era la consecuencia directa de la terrible guerra que envolvía a Europa.

> *(…) Pero ahora se acercan nuevos nubarrones que tienen que ver con… ¡la comida! A la señora se le ocurrió la desafortunada idea de freír menos patatas por la mañana y mejor guardarlas. Mamá y Dussel y hasta nosotros no estuvimos de acuerdo, y ahora también hemos dividido las patatas. Pero ahora se está repartiendo de manera injusta la manteca, y mamá ha tenido que intervenir. (…). En el transcurso de los últimos tiempos hemos estado separando: la carne (ellos con grasa, nosotros sin grasa); ellos sopa, nosotros no; las patatas (ellos para mondar, nosotros para pelar). Ello supone tener que comprar dos clases de patatas, a lo que ahora se añaden las patatas para freír.*

A medida que avanzaba el tiempo era más difícil encontrar comida y en mayo de 1944 Ana escribió:

> *(…) Miep nos contó algunas cosas sobre la fiesta de compromiso de su prima, a la que fue el sábado. (…). Se nos hizo la boca agua cuando Miep nos contó lo que comieron (…).*
> *¡Cómo no se nos iba a hacer la boca agua, cuando sólo había desayunado dos cucharadas de papilla de avena y teníamos un hambre que nos moríamos; cuando día a día no comemos otra cosa que no sean espinacas a medio cocer (por aquello de las vitaminas) con patatas podridas; cuando en nuestros*

estómagos vacíos no metemos más que lechuga en ensalada
y cocida, y espinacas, espinacas y otra vez espinacas!

Los escondidos recibían puntualmente los alimentos más básicos gracias a las dos mujeres que tanto se esforzaron por procurarles una estancia digna aun a costa de arriesgar su propia vida; eran Miep y Bep. En estos tiempos en los que conseguir comida no era una tarea fácil, y menos si se trataba de provisiones para ocho clandestinos, el pan y la carne eran posibles, al menos en un primer momento, por una serie de contactos; de esta forma, el primero de los alimentos entraba dos veces por semana en el anexo gracias a un amigo del señor Kleiman que contaba con una conocida cadena de panaderías en Ámsterdam. Este cargamento se justificaba de cara a los nazis haciendo ver que sus receptores eran los trabajadores de la empresa; y así se acordó que el coste del mismo se abonase de forma parcial, una primera parte al recibir la entrega y el resto, que iba cargándose en una cuenta específica, cuando el conflicto armado hubiera finalizado. Por otro lado, la carne, se les facilitaba por medio de un amigo del señor Van Pels al que Miep le entregaba en mano el pedido que éste hacía.

Nuestros judíos también se nutrían de la tienda de ultramarinos que regentaba el señor Van Hoeven, quien no sólo les facilitaba una cantidad importante de patatas sino que las depositaba en la misma oficina del edificio; así las secretarias no tenían que cargar con el pedido sino que una vez que estaba en la oficina Peter lo subía cuidadosamente al escondite. Bep, por su parte, era la encargada, entre otras muchas cosas, de suministrar a los prófugos la leche que obtenía diariamente por medio del contrabando y que ocasionalmente acompañaba con varias piezas de fruta cuando el precio al que se vendía la misma la permitía llevar a cabo tal adquisición.

Conseguir comida era ciertamente un gasto considerable, ya que los suministros salían del mercado negro. El marido de Miep, Jan Gies, estaba en una organización de la Resistencia, y esta situación le permitía comprar cartillas de racionamiento de forma ilegal.

Este mes hemos recibido ocho cupones de raciona-
miento. Desafortunadamente, para los primeros quince

153

días sólo dan derecho a legumbres, en lugar de a copos de avena o de cebada. Nuestro mejor manjar es el encurtido picante en salsa agria «picalilly». Si no tienes suerte, en un tarro sólo te vienen pepinos y algo de salsa de mostaza. Verdura no hay en absoluto. Sólo lechuga, lechuga y otra vez lechuga. Nuestras comidas sólo traen patatas y sucedáneo de salsa de carne.

Ana comentó en su diario que había temporadas en las que se nutrían únicamente a base de un solo alimento, no siempre de su agrado, y que generalmente acababa por producirles una inevitable aversión hacia el mismo. Este hecho se debía, en gran medida, a un intento de racionar los alimentos por si hubieran de padecer tiempos peores; aunque en más de una ocasión los alimentos que se pretendía preservar acababan pudriéndose:

En los 21 meses que llevamos aquí, hemos tenido unos cuantos «ciclos de comida». Te explicaré de qué se trata. Un «ciclo de comidas» es un período en el que todos los días comemos el mismo plato o la misma verdura. Durante una época no hubo otra cosa que comer más escarola: con arena, con puré de patatas, sola o en guiso; luego vinieron las espinacas, los colinabos, los salsifíes, los pepinos, los tomates, el chucrut, etc.

Te aseguro que no es nada agradable comer todos los días chucrut, por ejemplo, y menos aún dos veces al día; pero cuando se tiene hambre, se come cualquier cosa; ahora, sin embargo, estamos en el mejor período: no se consigue nada de verdura.

El menú de la semana para la comida del mediodía es el siguiente: judías pintas, sopa de guisantes, patatas con albóndigas de harina, chalet de patas (estofado o guiso de carne típico del Este de Europa); luego, cual regalo del cielo, nabizas o zanahorias podridas, y de nuevo judías. De primero siempre comemos patatas; en primer lugar a la hora del desayuno, ya que no hay pan, pero entonces al menos las fríen un poco. Hacemos sopa de judías pintas o blancas, sopa de

154

patatas, sopa juliana de sobre, sopa de pollo de sobre, o sopa de judías pintas de sobre. Todo lleva judías pintas, hasta el pan. Por las noches siempre comemos patatas con sucedáneo de salsa de carne y ensalada de remolachas, que por suerte todavía nos quedan. De las albóndigas de harina falta mencionar que las hacemos con harina del Gobierno, agua y levadura. Son tan gomosas y duras que es como si te cayera una piedra en el estómago, pero en fin...

El mayor aliciente culinario que tenemos es el trozo de morcilla de hígado de cada semana y el pan seco con mermelada. ¡Pero aún estamos con vida, y a veces todas estas cosas hasta saben bien!

Miep se sacrificaba por la noble causa de ayudar a sus amigos judíos y aguantaba pacientemente las interminables colas que la separaban del mostrador; única barrera entre ella y los alimentos, aún sabiendo, como ya la había sucedido en más de una ocasión, que la espera podía ser en vano; puesto que con frecuencia la comida se terminaba antes de que todos los que esperaban sus alimentos hubieran recibido su parte correspondiente. Los alimentos más demandados pronto se agotaban, como era el caso de la mantequilla y de la grasa; y el resultado era una alimentación insípida y austera a base de pan duro y sucedáneo de café para desayunar y lechugas y espinacas medio cocidas para comer, un menú que cómo se puede imaginar, no agradaba a los escondidos y menos todavía a la joven Ana quien escribió minuciosamente en su diario las impresiones que le causaba la escasa y pésima alimentación:

A partir de mañana ya no habrá nada de manteca, mantequilla ni margarina. Ya no desayunamos con patatas fritas (por ahorrar pan), sino con papilla de avena, y como la señora teme que muramos de hambre hemos comprado una cantidad extra de leche entera. El almuerzo de hoy consiste en un guiso de patatas y col rizada de conserva (...). ¡Es increíble el olor que despide la col rizada, que seguramente ya lleva varios años en conserva! (...). ¡Qué asco! La sola idea de que tendré que comerme esa porquería me da náu-

seas. A ello hay que sumarle que nuestras patatas han sufrido
unas enfermedades tan extrañas que de cada dos cubos de
patatas, uno va a parar a la estufa. Nos divertimos tratando
de determinar con exactitud las distintas enfermedades que
tienen, y hemos llegado a la conclusión de que se van tur-
nando el cáncer, la viruela y el sarampión.

La nauseabunda comida no era lo único que enojaba a la joven
sino que también la crispaba la avaricia que percibía en el resto de
los comensales y que concluía quitándole el hambre y llevándo-
sela los demonios. En la mesa callaba, pero en su diario las fuertes críticas al egoísmo de sus convecinos aparecieron sin tapujos;
así describía Ana la actitud de cada uno en la mesa:

> *El señor Van Daan. Comencemos por él. Es el primero*
> *en ser atendido a la mesa, y se sirve bastante de todo*
> *cuando la comida es de su gusto. (…).*
> *Madame (…). La señora siempre recibe lo que la corres-*
> *ponde, aunque ella a veces piensa que no es así. Escoger*
> *para ella las patatas más pequeñas, el bocado más sabroso,*
> *lo más tierno de todo, ésa es su consigna. «A los demás*
> *ya les tocará lo suyo, primero estoy yo». (Exactamente*
> *así piensa ella que piensa Ana.) (…).*
> *El tercer comensal: No dice gran cosa. Por lo general*
> *el joven Van Daan es muy callado y no se hace notar. Por*
> *lo que respecta a su apetito: un pozo sin fondo, que no se*
> *llena nunca. Aun después de la comida más sustanciosa*
> *afirma sin inmutarse que podría comerse el doble.*
> *En cuarto lugar está Margot. Come como un pajarito,*
> *no dice ni una palabra. Lo único que toma son frutas y*
> *verduras. «Consentida», en opinión de Van Daan. «Falta*
> *de aire y deporte», en opinión nuestra.*
> *Luego está mamá. Un buen apetito, una buena lengua.*
> *No da la impresión de ser el ama de casa, como es el caso*
> *de la señora Van Daan. ¿La diferencia? La señora cocina*
> *y mamá friega.*

En sexto y séptimo lugar: De papá y yo será mejor que
no diga mucho. El primero es el más modesto de toda la
mesa. Siempre se fija en primer lugar si todos los demás
ya tienen. No necesita nada, lo mejor es para los jóvenes.
Es la bondad personificada y a su lado se sienta el terre-
moto de «la Casa de atrás».
Dussel: Se sirve, no mira, come, no habla. Y cuando hay
que hablar, que sea sobre comida, así no hay disputa, sólo
presunción. Deglute raciones enormes y nunca dice que no:
tanto en las buenas como también bastante poco en las malas.

Aunque de Dussel, su gran enemigo, hará muchos más comentarios:

Cuando Dussel, mientras estamos en la mesa, se sirve la
cuarta parte de la salsa que hay en la salsera, dejándonos
a todos los demás sin salsa, así como así, a mí se me quita
el apetito, y me levantaría de la mesa para abalanzarme
sobre él y echarlo de la habitación a empujones (…).

En 1944 las últimas reservas de comida se terminaron y la dieta
empeoró considerablemente: papilla de avena en el desayuno y col en
la cena; Ana no podía soportarlo. La guerra no cesaba y las calami-
dades iban en aumento ya que la detención por parte de la NSB de las
personas que les proporcionaban las cartillas de racionamiento empezó
a complicarlo todo. Su tendero fue capturado y a causa de este motivo,
Miep hubo de buscarse a otro, pero lógicamente la falta de confianza
con éste último impedía que Miep pudiera pedirle más comida, hecho
que repercutió, como venimos diciendo, en los judíos que hubieron
de sacrificarse y pasar por alto el desayuno al tiempo que comían y
cenaban pobremente: pan, patatas acompañadas de lechuga y espinacas cocidas. Como se suele decir, los escondidos no tuvieron más
remedio que poner al mal tiempo buena cara, aunque temían que su
antiguo tendero pudiera delatarles, se consolaban pensando que pasar
hambre no era tan terrible como llegar a ser descubiertos.

Pero el hambre no dejará indiferentes y resignados a los habitantes del anexo, ya que este hecho, unido a un factor climático adverso,
acabará por convertirles en víctimas fáciles de una serie de enfer-

157

medades que, no siendo complicadas en apariencia, podrían llegar a serlo dada la falta de medicamentos. Ana pasó el trance de sentirse enferma, igual que su padre y en su diario expresó la angustia que le procuraba la falta de medicinas y el no poder llamar a un médico:

> *Estoy muy preocupada; papá se ha puesto malo. Tiene mucha fiebre y le han salido granos. Parece que tuviera viruela. ¡Y ni siquiera podemos llamar a un médico! Mamá le hace sudar, quizá con eso le baje la fiebre.*

Ella también describirá lo mal que llegó a sentirse en primera persona:

> *Es un suplicio caer enfermo aquí; cuando me venía la tos, me metía debajo de las sábanas y mantas lo más rápido posible y trataba de acallar mi garganta lo más que podía, lo que por lo general tenía como consecuencia que la picazón no se me iba en absoluto y que había que recurrir a la leche con miel, al azúcar o a las pastillas. Me da vértigo pensar en todas las curas por las que me hicieron pasar; sudación, compresas, paños húmedos y secos en el pecho, bebidas calientes, gargaras, pinceladas de yodo, reposo, almohada térmica, bolsas de agua caliente, limón exprimido y el termómetro cada dos horas. ¿Puede uno curarse realmente de esa manera? Lo peor de todo me pareció cuando el señor Dussel se puso a hacer de médico y apoyó su cabeza engominada en mi pecho desnudo para auscultar los sonidos que había dentro. No sólo me hacía muchísimas cosquillas su pelo, sino que me daba vergüenza, a pesar de que en algún momento, hace treinta años, estudió para médico y tiene el título.*

Pero quién realmente lo pasará mal a causa de una enfermedad será el señor Voskuijl; uno de sus protectores, que luchará por sus amigos judíos incluso teniendo conocimiento de su grave enfermedad, un cáncer, que acabará costándole la vida.

La comida, lógicamente, no era lo único que escaseaba, el jabón era otro producto que durante la guerra se adquiría con dificultad.

El señor Dussel sólo tenía opción a una pastilla de jabón mensual por lo que debían utilizarlo con sumo cuidado. La luz también debía ser cuidadosamente administrada, ya que en alguna ocasión el exceso en el uso de la misma les obligó, una vez que hubieron finalizado su cuota, a usar velas en su lugar:

Hemos estado usando mucha luz, excediéndonos de la cuota de electricidad que nos corresponde. La consecuencia ha sido una economía exagerada en el consumo de luz y la perspectiva de un corte en el suministro. ¡Quince días sin luz! ¿Qué te parece? Pero quizá no lleguemos a tanto. A las cuatro y media de la tarde ya está demasiado oscuro para leer, y entonces matamos el tiempo haciendo otro tipo de tonterías.

Las medidas que tomaron en todos los aspectos de su vida fueron cada vez más drásticas y austeras; los ocho judíos usaban un balde de cinc para asearse y cada uno escogía el lugar que más le agradaba para realizar su aseo personal.

A los escondidos les pasan cosas muy curiosas. Figúrate que como no tenemos bañera, nos bañamos en una pequeña tina, y como sólo la oficina (con esta palabra siempre me refiero a todo el piso de abajo) dispone de agua caliente, los siete nos turnamos para bajar y aprovechar esta gran ventaja. Pero como somos todos tan distintos y la cuestión del pudor y la vergüenza está más desarrollada en unos que en otros, cada miembro de la familia se ha buscado un lugar distinto para bañarse. Peter se baña en la cocina, pese a que ésta tiene una puerta de cristal. Cuando va a darse un baño, pasa a visitarnos a todos por separado para comunicarnos que durante la próxima media hora no debemos transitar por la cocina. Esta medida le parece suficiente. El señor Van Daan se baña en el piso de arriba. Para él la seguridad del baño tomado en su propia habitación le compensa la molestia de subir toda el agua caliente tantos pisos. La señora, de

momento, no se baña en ninguna parte; todavía está bus-
cando el mejor sitio para hacerlo. Papá se baña en su
antiguo despacho; mamá en la cocina, detrás de una mam-
para, y Margot y yo hemos elegido para nuestro chapo-
teo la oficina grande. Los sábados por la tarde cerramos
las cortinas y nos aseamos a oscuras. Mientras una está
en la tina, la otra espía por la ventana por entre las cor-
tinas cerradas y curiosea a la gente graciosa que pasa.

Muchas veces, cuando había visitas en la oficina no podían ir al
baño porque el ruido de la cadena les delataría, sino que debían
hacer sus necesidades en un orinal o bien ir al retrete, pero abste-
niéndose de hacer ruido y de tirar de la cadena. Este hecho tan insig-
nificante en principio, era algo muy difícil de llevar si se sumaban
el resto de factores negativos y de penurias que habían de soportar;
pero siempre trataban de salir adelante con buen humor, y Ana reco-
gió en su diario una anécdota divertida de algo tan patético como
podría ser la prohibición de acudir al retrete en determinadas horas:

Una tarde en la que no podíamos ir al retrete porque
había visitas en la oficina, Peter tuvo gran necesidad de ir,
pero no pudo tirar de la cadena. Para prevenirnos del olor,
sujetó un cartel en la puerta del lavabo, que ponía «svp
gas». Naturalmente, había querido poner «Cuidado, gas»,
pero «svp» le pareció más fino. No tenía la más mínima
idea de que eso (s'il vous plaît) significaba «por favor».

El frío lo combatían colocando abrigos en las camas, porque
adquirir ropa nueva de abrigo para el invierno así como mantas era
algo sumamente complicado por lo que los habitantes no tenían más
salida que apañarse con lo que tenían aunque muchos de ellos, como
era el caso de los jóvenes tuvieran un aspecto ridículo portando sus
cada vez más raquíticas y roídas ropas en sus esqueléticos cuerpos.

Según los escritos que se han conservado de Ana podemos dedu-
cir que la vida allí no debió de ser nada fácil, pero el letargo, la
angustia y la penuria se contrarrestaban con agradables momentos
puntuales y periódicos ya que los habitantes del anexo procuraban

celebrar todos los acontecimientos, tanto religiosos como profanos, en familia; por ello, el Januká, la Navidad, los cumpleaños o el Año Nuevo se celebraban por todo lo alto. Los judíos, olvidaban por unos instantes su condición de proscritos e invitaban a sus protectores a una amena estancia en el anexo a la que éstos acudían encantados. Tales reuniones ayudaban a todos a evadirse y disfrutar, por unos momentos de una agradable fiesta en la que procuraban ser, al menos por unas horas, dichosos y felices.

Todos los viernes celebraban el *sabbat,* y para ello, a modo de ritual, encendían unas velas que recordaban el motivo de tal derroche. Todos rezaban en grupo, unidos y dirigidos por Pfeffer, el encargado de dirigir sus oraciones. Las fechas religiosas se celebraban estrictamente, y mientras había comida se procuraba cocinar algo tradicional; un alimento típicamente judío que les hiciera sentirse cercanos a su hogar y a su identidad. El 25 de diciembre era San Nicolás, fiesta tradicional holandesa donde se hacían regalos a los niños, y los habitantes de *la Casa de atrás, no queriendo olvidar las tradiciones,* celebraron por primera vez escondidos esta fecha tan señalada de la siguiente manera:

> *Este año Januká y San Nicolás casi coinciden; hay un solo día de diferencia. Januká no lo festejamos con tanto bombo, sólo unos pequeños regalitos y luego las velas. Como hay escasez de velas, no las tenemos encendidas más de diez minutos, pero sí va acompañado del cántico; con eso basta. El señor Van Daan ha fabricado un candelabro de madera, así que eso también lo tenemos.*
>
> *La noche de San Nicolás, el sábado, fue mucho más divertida. Bep y Miep habían despertado nuestra curiosidad cuchicheando todo el tiempo con papá entre las comidas, de modo que ya intuíamos que algo estaban tramando. Y así fue. A las ocho de la noche todos bajamos por la escalera de madera, pasando por el pasillo superoscuro (yo estaba aterrada y hubiese querido estar nuevamente arriba, sana y salva), hasta llegar al pequeño cuarto del medio. Allí pudimos encender la luz, ya que este cuartito no tiene ventanas. Entonces papá abrió la puerta del armario grande.*

—*¡Oh, qué bonito!* —*exclamamos todos.*
En el rincón había una enorme cesta adornada con papel
especial de San Nicolás y con una careta de su criado Pedro
el negro. Rápidamente nos llevamos la cesta arriba. Había
un regalo para cada uno acompañado de un poema alusivo.

Ese San Nicolás sería retenido en la retina de todos, y por ello,
al año siguiente, cuando la escasez y la apatía eran una realidad,
Ana y Otto inventaron algo que trajera de nuevo la alegría al anexo
y así consiguieron celebrar San Nicolás humildemente pero felices:

El domingo por la noche a las ocho y cuarto apareci-
mos en el piso de arriba llevando el canasto de la colada
entre los dos, adornado con pequeñas figuras y lazos de
papel cebolla de color celeste y rosa. El canasto estaba
cubierto de un gran papel de envolver color marrón, que
llevaba una nota adherida. Arriba todos estaban un tanto
asombrados por el gran volumen del paquete sorpresa.
Tomé la nota y me puse a leer:

PRÓLOGO:
Como todos los años, San Nicolás ha venido
y a la Casa *de atrás* regalos ha traído.
Lamentablemente la celebración de ese año
no puede ser tan divertida como antaño,
cuando teníamos tantas esperanzas y creíamos
que conservando el optimismo triunfaríamos,
que la guerra acabaría y que sería posible
festejar San Nicolás estando ya libres.
De todas maneras, hoy lo queremos celebrar
y aunque ya no queda nada para regalar
podemos echar mano de un último recurso
que se encuentra en el zapato de cada uno…

Cuando todos sacaron sus zapatos del canasto, hubo
carcajada general. En cada uno de ellos había un paque-
tito envuelto en papel de envolver, con la dirección de su
respectivo dueño.

162

Pero no todos los judíos del anexo vivían la religión con igual intensidad. Fritz Pfeffer, conocido mundialmente tras la difusión del diario como Albert Dussel, tal y como hemos venido repitiendo, era el más religioso de los judíos del anexo, sentimiento que provenía de una férrea educación ortodoxa. Peter y su madre, en cambio, no sabían realmente dónde encuadrarse, sus ideas y sentimientos religiosos eran más bien confusos; con respecto a la familia Frank las posiciones estaban muy repartidas; Edith y Margot, envueltas en un clima más progresista, sentían, no obstante, profundos sentimientos religiosos, y frente a ellos se encontraban Otto y Ana. Otto, que había crecido lejos de un ambiente religioso, acabó por contagiar a su hija menor su escasa actividad religiosa, aunque ambos, durante el transcurso del conflicto, se reafirmaron en su religión para encontrar sus verdaderos orígenes y apoyarse en ellos.

Ana nunca llegó a mostrar públicamente el más mínimo fervor religioso, pero cumplía las prácticas respetuosamente, observando y analizando cada detalle; y así, a medida que se fue haciendo adulta, su espíritu experimentaba una evolución; crecerá en ella un sentimiento religioso que se verá claramente reflejado en sus escritos, principalmente en los realizados entre 1943 y 1944; donde no sólo se tratará el tema de la religión con especial interés, sino que también protagonizará frases de gran profundidad en torno a los judíos como pueblo. Luego su identidad judía y, por consiguiente, su religión serán las bases sobre las que ella se apoyará para tratar de alcanzar la paz y el equilibrio; la angustia y la depresión, claros exponentes de su espíritu inquieto, hallarán en la religión un importante refugio, pero no el único, puesto que ahora la naturaleza también cobrará vida propia, Ana se detendrá a admirarla y la valorarla como nunca antes lo había hecho; por lo que tomará a la naturaleza y a Dios como el verdadero motivo para alcanzar la felicidad.

Vivir en el anexo era francamente duro, el miedo nunca se dispersaba y el silencio sepulcral de la noche servía para incentivarlo. Los refugiados lo sabían bien, habían aprendido a vivir con ello, pero sus amigos también tuvieron la oportunidad de comprobarlo, ya que en cierta ocasión, Miep y Jan, invitados por Ana, accedieron a quedarse a dormir una noche en su compañía; pero no fueron los únicos, puesto que Bep pasó igualmente por esa experiencia en más de una ocasión.

La campana de la iglesia cercana al escondite tranquilizaba en cierta manera a los judíos, ya que gracias a su monótono y puntual sonido tenían algo con lo que guiarse, un estrecho vínculo con la realidad que les demostraba que el mundo seguía avanzando fuera, aunque ellos no pudieran ser testigos directos de los cambios y, cuando se la quitaron, no pudieron evitar sentir en sus corazones una profunda soledad, la noche se volvía aún más silenciosa y oscura sin aquel repicar, era como si un inmenso vacío les rodeara, nada parecía unirles con el exterior:

> *Desde hace una semana todos estamos un poco desorientados en cuanto a la hora, ya que por lo visto se han llevado nuestra querida y entrañable campana de la iglesia para fundirla, por lo que ya no sabemos exactamente qué hora es, ni de día, ni de noche. Todavía tengo la esperanza de que inventen algo que a los del barrio nos haga recordar un poco nuestra campana, como por ejemplo un artefacto de estaño, de cobre o de lo que sea.*

Estar encerrado era infernal, el ruido de los aviones sobrevolando el cielo crispaba aún más los ánimos de los escondidos que no sólo tenían que dominar el temor a ser descubiertos sino también el de ser víctimas de un ataque aéreo.

> *También puede ocurrir que de noche, variando entre la una y las cuatro se oigan disparos. Nunca soy realmente consciente hasta el momento en que, por costumbre, me veo de pie junto a la cama. A veces estoy tan metida en algún sueño, que pienso en los verbos franceses irregulares o en las riñas de arriba. Cuando termino de pensar, me doy cuenta de que ha habido tiros y de que me he quedado en silencio en mi habitación. Pero la mayoría de las veces pasa como te he descrito arriba. Tomo rápidamente un pañuelo y una almohada, me pongo el albornoz, me calzo las zapatillas y me voy corriendo donde papá.*

Pese a todo se sentían dichosos de tener un refugio y se conformaban con la suerte que les había tocado vivir, ya que consideraban que hubiera sido mucho peor el ir a un campo de refugiados, pero había cosas que ni la suerte de estar vivo les hacía olvidar de su cabeza, para Ana eran sus amigas o *Moortje,* el gato que tuvo que abandonar al mudarse al escondite.

Ana empezó a descubrir su cuerpo rápidamente, quizá la soledad forzosa en la que se vio envuelta la obligó, por encima de otras cosas, a interesarse por ella misma, tanto en lo referente a sus cambios físicos como a su mente, pero llegó un momento en que no pudiendo soportar más la soledad hubo de abrirse a alguien, y el elegido para ejercer el papel de cómplice y confidente fue Peter Van Pels, al que no tardó en asociar con su antiguo amor Peter Schiff o Petel, como ella solía llamarle cariñosamente. Ana, en un principio, creyó ver en el joven muchacho a un buen amigo; le pareció descubrir en aquel chico tímido y reservado a alguien más interesante de lo que había valorado en un primer momento, y así fue como empezó a profundizar en esa relación de amistad que pronto comenzó a tornarse en un sentimiento algo ambiguo que más tenía que ver con el amor que con la complicidad entre amigos, y prueba de ello son las reacciones que Ana describió en su diario donde se mostraba su malestar ante la falta de atención por parte de Peter, sus continuas ganas de verle, o los sentimientos que provocaba en ella su presencia; pero estos sentimientos no los vivió únicamente la joven sino que a medida que se estrechaban sus lazos Peter comenzó a experimentar el mismo sentimiento hacia su recién descubierta amiga.

Ambos empezaron a intimar en la soledad del ático y juntos compartieron muchos momentos en los que unas veces se limitaban a hablar y desahogarse y otras, simplemente, permanecían pegados, sin hablar, disfrutando de aquel sentimiento amoroso, guardando cada detalle en su memoria para después poderlo plasmar en su diario, donde en muchas ocasiones identificaba ese sentimiento anímico con la naturaleza, como era habitual en los escritores de todos los tiempos, donde la emoción se canalizaba por medio del paisaje:

Hace sol, el cielo está de un azul profundo, hace una brisa hermosa y yo tengo unos enormes deseos de... ¡de todo! Deseos de hablar, de ser libre, de ver a mis amigos, de estar sola. Tengo tantos deseos de... ¡de llorar! Siento

en mí una sensación como si fuera a estallar, y sé que llo-rar me aliviaría. Pero no puedo. Estoy intranquila, voy de una habitación a la otra, respiro por la rendija de una ventana cerrada, siento que mi corazón palpita como si me dijera: «¡Cuando cumplirás mis deseos!».
Creo que siento en mí la primavera, siento el despertar de la primavera, lo siento en el cuerpo y en el alma. Tengo que contenerme para comportarme de manera normal, estoy totalmente confusa, no sé que leer, qué escribir, qué hacer, sólo sé que ardo en deseos...

Con todo, la pequeña de los Frank no podía evitar el sentirse algo culpable, sentía lástima por su hermana Margot, ya que ella había encontrado a alguien, pero Margot seguía estando sola; ade-más a eso se le unía la confusión que le producía el pensar que quizá Peter pudiera sentir algo por Margot o viceversa:

El domingo por la mañana me di cuenta (y confieso que para mi gran alegría) de que Peter me miraba de una manera un tanto peculiar, muy distinta de la habitual, no sé, no puedo explicártelo, pero de repente me dio la sen-sación de que no estaba tan enamorado de Margot como yo pensaba. Durante todo el día me esforcé en no mirarlo mucho, porque si lo hacía él también me miraba siempre, y entonces... bueno, entonces eso me producía una sen-sación muy agradable dentro de mí, que era preferible no sentir demasiado a menudo.

A medida que Ana sentía más interés por Peter sus remordi-mientos crecían; era verdad que ella y su hermana nunca habían sido grandes amigas, pero Ana no quería hacerla daño, si ella tam-bién estaba enamorada de Peter debía saberlo para que ambas pac-tasen una solución, pero Margot no tardó en darle motivos que con-tradijeran tal idea; tranquila y noble, le comentó a su hermana menor que ella nunca se había fijado en Peter ni que tampoco le molestaba la complicidad que se había creado entre ambos. Esta respuesta tranquilizó mucho a Ana, quien a partir de entonces comenzó a explotar nuevamente su lado seductor, acicalándose para cautivar a Peter; había vuelto a recuperar el ánimo, la alegría, volvía a gustarse y sentía deseos de gustar a alguien y tanto empeño puso que lo consiguió, el joven la alababa continuamente, se sentía fascinado por ella, y al final ocurrió lo inevitable, se besaron:

Grábate en la memoria el día de ayer, que es muy importante en mi vida. ¿No es importante para cualquier chica cuando la besan por primera vez? Para mí al menos lo es. El beso que me dio Bram en la mejilla derecha no cuenta, y el que me dio Woudstra en la mano derecha tampoco. ¿Qué cómo ha sido lo del beso? Pues bien, te lo contaré.

Anoche, a las ocho, estaba yo sentada con Peter en su diván, y al poco tiempo me puso el brazo en el cuello.

—Corrámonos un poco, así no me doy con la cabeza contra el armarito.

Se corrió casi hasta la esquina del diván, yo puse mi brazo debajo del suyo, alrededor del cuello, y por poco sucumbo bajo el peso de su brazo bajo mis hombros. Es cierto que hemos estado sentados así en otras ocasiones, pero nunca tan pegados como anoche. Me estrechó bien fuerte contra su pecho, sentí cómo me palpitaba el corazón, pero todavía no habíamos terminado. No descansó hasta que no tuvo mi cabeza reposada en su hombro, con su cabeza encima de la mía. Cuando a los cinco minutos quise sentarme un poco más hacia la derecha, en seguida tomó mi cabeza en sus manos y la llevó de nuevo hacia sí. ¡Ay, fue tan maravilloso! No pude decir gran cosa, la dicha era demasiado grande. Me acarició con su mano algo torpe la mejilla y el brazo, jugó con mis rizos, y la mayor parte del tiempo nuestras cabezas estuvieron pegadas la una contra la otra.

Ana nunca olvidará ese beso, para ella sería algo maravilloso, su primer y único beso de verdad, pero inevitablemente se preguntaba si debería haberlo hecho; no sabía si había actuado bien dejándose besar, dudaba sobre si su comportamiento había sido el correcto o si había obrado muy a la ligera, y finalmente decidió pedirle consejo a la persona que más significaba para ella, su padre, aunque el consejo que éste le dio no era el que la joven esperaba oír. Otto la comentó que no era correcto que tuvieran aquellos frecuentes encuentros en soledad y que por tanto debería reducirlos notablemente. Pero el señor Frank no se conformó con hablar con su hija, ya que sabía que Ana era algo rebelde, sobre todo con las imposiciones, y por ello, decidió comentarle lo mismo a Peter, pues pensaba que éste sería un receptor fiel y llevaría a cabo tales consejos. La actuación de Otto no satisfizo a la menor de sus hijas y ambos hubieron de mantener una charla privada para intentar salvar sus diferentes posturas sobre este asunto que finalmente se zanjó positivamente para ambos. Con el tiempo, Ana, aún consciente del esfuerzo que le habría costado el acercamiento al muchacho, empezó a perder el interés por Peter, y es que Ana no era una joven como las de su edad, era mucho más madura y Peter no la llenaba hasta el punto que ella solicitaba; era un buen chico, pero no cumplía sus expectativas y así decidió cortar cuanto antes.

Los planes de futuro de Ana apuntaban muy lejos, ella creía en el progreso y en la igualdad y por ello defendía a la mujer, consideraba que con una buena educación, el papel de la mujer en la sociedad sería visto con otros ojos, se dejaría así de considerar a la mujer como una mera portadora de niños:

> *Más de una vez, una de las preguntas que no me deja en paz por dentro es por qué en el pasado, y a menudo aún ahora, los pueblos conceden a la mujer un lugar inferior al que ocupa el hombre. Todos dicen que es injusto, pero con eso no me doy por contenta: lo que quisiera conocer es la causa de semejante injusticia.*
>
> *Es de suponer que el hombre, dada su mayor fuerza física, ha dominado a la mujer desde el principio; el hombre, que tiene ingresos, el hombre, que procrea, el hombre, al que todo le está permitido… Ha sido una gran equivocación por parte de tantas mujeres tolerar, hasta hace poco tiempo, que todo siguiera así sin más, porque cuantos más siglos perdura esta norma, tanto más se arraiga. Por suerte la enseñanza, el trabajo y el desarrollo le han abierto un poco los ojos a la mujer. En muchos países las mujeres han obtenido*

la igualdad de derechos; mucha gente, sobre todo mujeres, pero también hombres, ven ahora lo mal que ha estado dividido el mundo durante tanto tiempo, y las mujeres modernas exigen su derecho a la independencia total.

Pero no se trata sólo de eso: ¡también hay que conseguir la valoración de la mujer! (...).

Creo que todo el concepto de que tener hijos constituye un deber de la mujer cambiará a lo largo del próximo siglo, dando lugar a la estima y a la admiración por quien se lleva esa carga al hombro, sin rezongar y sin pronunciar grandes palabras.

Las aportaciones biográficas en torno a la figura de Ana, durante los veinticinco meses que permaneció escondida, se limitan, tan sólo, si obviamos su diario, a algunos testimonios de las personas que la conocieron en mayor o menor profundidad y que sobrevivieron para contarlo. En su diario se encuentra todo aquello que mereció la pena resaltar, tanto de su personalidad como de lo que ocurría en su entorno más inmediato. Ana quiso que su diario fuera un fiel testigo de su vida de reclusión, y en sus páginas se describe con detalle los intentos de robo que sufrieron, los enfrentamientos que protagonizaron los ocho judíos, la relación que mantuvo con ellos, los encuentros con quienes les ayudaban…, es decir, en definitiva, todos los detalles, más o menos relevantes, del monótono transcurrir del diario y, como no, los sentimientos más íntimos que la adolescente experimentó durante aquel largo período de reclusión entre los que destacarían los que hacían referencia a su evolución física y al despertar del sentimiento amoroso, y por ello hemos cogido distintas pinceladas de lo que ella expuso durante su período de reclusión para ayudar al lector a forjarse una idea de lo que debieron ser aquellos años para Ana y el resto de los escondidos.

Pero mientras los ocho prófugos vivían y evolucionaban en el anexo, la vida fuera de él no era nada alentadora para el resto de los judíos, los escondidos lo sabían, ya que aun desde su condición de escondidos no habían perdido completamente el vínculo con la realidad; un estrecho hilo les unía a ella, y ese nexo de unión era la radio, los periódicos o sus amigos. Todos conocían en mayor o menor profundidad el desarrollo trágico del conflicto, y por ello, no les era desconocido el sufrimiento que experimentaban sus homólogos en religión; sobre todo, en Ámsterdam, donde el 6 de agosto de 1942, 2.000 judíos fueron enviados a Westerbork, lugar desde el cual se esperaba a los trenes que conducían a los judíos al temido campo de Auschwitz.

El día posterior no fue menos trágico, ya que las redadas que tuvieron lugar culminaron con la deportación, al mismo lugar, de otros 600 judíos. Pero el peligro, pese a todo, todavía estaba muy lejos de haber concluido; las oleadas de violencia se sucedían sin cesar y muchos más judíos, tras las detenciones en Ámsterdam-Zuid, sufrieron el mismo destino. Un mes después, unos 700 judíos llegaron a Auschwitz donde la mayoría murió en las cámaras de gas.

En octubre los nazis atacaron de nuevo y otros 5.000 judíos fueron capturados y la situación empeoró considerablemente, ya que el lugar donde los encerraban a la espera de su deportación era incluso peor que el propio campo; un teatro situado en la zona de Plantage en Ámsterdam; allí miles de cuerpos maltrechos y exhaustos se amontonaban desordenadamente sin recibir alimentos o bebidas, como perros abandonados a su suerte, aunque quizá hubiera sido mejor morir allí que esperar a llegar a los campos de concentración donde todo era infinitamente más terrible. Nadie estaba al margen de lo que ocurría en aquellos sitios, es cierto que en un primer momento pudieron estar confundidos, pero ahora no, ahora sabían con certeza que ser trasladados a aquellos campos era como verse cara a cara con la muerte, y por ello trataban de lograr en las oficinas del Consejo Judío unos sellos de extensión que les facilitaran, al menos por algo más de tiempo, la permanencia en sus casas, aunque ya no había nada que hacer, el exilio era imparable y la dirección de sus vidas se orientaba inevitablemente hacia un destino trágico.

En octubre de 1942 unos 1.600 judíos murieron, como producto de la inhalación de gases tóxicos, en el campo de Auschwitz. Ni los niños, ni las mujeres ni los ancianos estaban exentos de tal suerte, y así, en el mes de noviembre 450 personas más fueron capturadas y transportadas al este del país como consecuencia del saqueo de los asilos judíos en Holanda. El inicio del año siguiente continuó en la misma línea; se asaltaron asilos, hospitales y orfanatos, indistintamente, al tiempo que la irrupción y detención de judíos en sus propias casas continuaba.

A principios de febrero se obligó a que acudieran a Ámsterdam todos aquellos judíos que residían en las provincias de alrededor, e inmediatamente y continuando con ese macabro clima de horror reinante, se incitó a los alemanes por medio de un decreto a que tratasen a los niños judíos con la misma violencia e indiferencia que al resto de los presos. En marzo prosiguieron las redadas, deportaciones y exterminaciones. Dos trenes semanales salían de Holanda llevando a unos 2.000 judíos mensuales a la muerte segura.

A finales de mayo, Aus der Funten, desde su cargo de comandante de la policía alemana de seguridad, hizo un llamamiento urgente a 7.000 miembros del Consejo Judío para que se personasen bajo la intención de ser deportados; la falta de obediencia que obtuvo como respuesta propició una serie de redadas que volvieron a incrementar el número de judíos deportados; y tan sólo una semana después se detuvo a otros 3.000 judíos más. Pero que el barrio judío de Ámsterdam estuviera vacío, no fue motivo suficiente para que cesaran las oleadas de redadas, puesto que a mediados de junio 5.500 judíos más fueron capturados en el este y en el sur.

Apenas quedaba un reducido número de judíos en la ciudad sin tener presente a los que, como la familia de Ana, habían optado por esconderse. Los pocos que aún no habían sufrido la ira nazi eran los que estaban casados con personas no judías, los esterilizados, los que persistían en demostrar fervientemente su alejamiento por convicción de la perseguida religión y, por último, aquellos que tenían un cierto número impreso en sus tarjetas de identidad.

Hacia el 20 de julio de 1943 otra redada se organizó en el Consejo Judío; los supervivientes, que habían logrado escapar de la persecución nazi, ignoraban que, a finales de septiembre, también vendrían a por ellos; y la consecuencia fue la detención de otros 5.000; la mayoría de los que habían salido ilesos de las anteriores redadas sucumbieron en esta última, y así, de esta forma tan radical, fue como desapareció el Consejo Judío, el, en apariencia, único apoyo posible a la tormentosa situación judía. Finalmente, cuando la última redada se llevó la libertad y la esperanza de miles de judíos, sólo quedaban en la ciudad aquellos judíos temerosos cuyos documentos, fundamentalmente falsos, les permitieron preservar la vida.

Nos han descubierto

El 4 de agosto de 1944 todas las esperanzas fraguadas a lo largo de los dos años de reclusión en la *Casa de atrás* tocaron fondo; era el momento de averiguar forzosamente cuán cruel era la realidad que los distintos medios de comunicación les habían pintado en torno a la cruenta guerra. Una nueva etapa plagada de calvarios y sufrimientos comenzaba para los ocho judíos tras la trágica redada.

Ese fatídico día nada hacía presagiar que acabaría siendo diferente del resto de los pasados en el anexo. Todos trabajaban con normalidad en el edificio; en la oficina Bep, Miep y Kleiman se centraban, como de costumbre, en sus tareas rutinarias, mientras que en el exterior un coche se detuvo justo enfrente del almacén; se abrieron las puertas y varios hombres se adentraron sin rodeos en el edificio. Nadie escuchó ruido alguno hasta que los misteriosos individuos se postraron ante la puerta de la oficina y, abriéndola bruscamente, amenazaron, pistola en mano, a los que allí se encontraban; antes de que ninguno pudiera pronunciar palabra, los hombres se dirigieron al despacho contiguo y profirieron la misma amenaza contra Kugler. Aquellos hombres eran un grupo de nazis holandeses vestidos de paisanos; y su superior en aquella misión rutinaria era Karl Josef Silberbauer, un hombre fuerte de algo más de cuarenta años, que les miraba firmemente con la consabida confianza que podía suministrar a un hombre en aquellos tiempos un uniforme de la Gestapo.

Pronto, el dicho individuo se apresuró a preguntar quién era el encargado de tal edificio, y consecuentemente con la responsabilidad que asumió poseer Kugler, uno de aquellos nazis le comunicó que estaban al corriente de la presencia clandestina de judíos en el edificio, y que una llamada telefónica les había obligado a presentarse allí; por todo lo cual, lo mejor era que no intentasen nada extraño y se limitaran a seguir sus órdenes. Al escuchar aquellas palabras Kugler palideció, alguien les había denunciado, todo estaba perdido.

Partiendo de la base de que la Gestapo estaba al corriente de todo no existía forma alguna de evadir el peligro y, por ello, cuando los hombres les obligaron a revelar el sitio exacto del escondite no quedó otra alternativa que la de conducirles hasta el anexo. En ese pequeño recorrido Kugler, que era el encargado de llevarles hasta el anexo, no intercambió palabra alguna con los nazis; caminaba lentamente obligado por la pistola que le clavaban en la espalda como un punzón. Al llegar a la librería, Kugler se apartó y los hombres que venían detrás de él comenzaron a agitarla violentamente sin resultado, hasta que finalmente se percataron del gancho que la mantenía impasible ante los desmesurados esfuerzos; tras accionar correctamente el mecanismo, la librería cedió y dejó al descubierto una puerta gris que escondía unos viejos y mugrientos escalones; el último de ellos les conduciría directamente ante la tragedia. Fue entonces cuando Silberbauer empuñó el arma nuevamente y obligó a Kugler a que ascendiera delante de él, al entrar en la habitación de techo bajo, Kugler anunció con voz hueca a los que allí se encontraban que la Gestapo había venido a buscarles.

Mientras estos desagradables momentos se vivían en el anexo, abajo, en la oficina, la situación no era mucho más alentadora. Bep, Miep y Kleiman esperaban en uno de los despachos la dura solución de aquel trance, al tiempo que se lanzaban miradas de complicidad y angustia. Finalmente, uno de los nazis agarró a Kleiman y le condujo a la habitación contigua dejando solas a las dos mujeres; la situación era verdaderamente dramática puesto que ninguno sabía cómo actuar, nunca habían planeado qué harían en una situación parecida por lo que se limitaban a dejarse arrastrar por los acontecimientos. Tras una pequeña espera, Kugler regresó a la sala donde se encontraban sus compañeras, y como apenas había tiempo ni posibilidad de hablar con ellas, se limitó a entregarle a Miep las llaves del edificio y a Bep su cartera para que, por medio de un intermediario, se la entregara a su mujer. Gracias a esta estrategia, Bep podría salir del edificio sin problemas, y lo mismo ocurriría con Miep, por lo que Kugler y Kleiman asumirían las consecuencias de haber desobedecido las órdenes nazis. Alguien debía cargar con las culpas, y estos dos valientes y desinteresados hombres estaban dispuestos a sacrificarse.

Arriba no había nadie con ventaja; todos y cada uno de los ocho prófugos judíos corrían la misma suerte; iban a ser arrestados y a partir de ahí su vida se convertiría en una incógnita. Otto fue uno de los últimos en percibir la presencia de la Gestapo, ya que se encontraba en el ático con Peter ayudándole con sus tareas de inglés, pero no tardaron demasiado en comprender que algo extraño se les venía encima cuando escucharon unas rápidas y fuertes pisadas que ascendían hasta su posición. Ninguno de ellos ni de sus amigos de la oficina habría subido armando tanto escándalo y menos a aquellas horas en que todos los trabajadores estaban en el edificio y había que ser particularmente sigiloso; y ciertamente no se equivocaban al alarmarse, puesto que sus sospechas se corroboraron cuando las pisadas dieron lugar a un fuerte golpe en la puerta que les enfrentó cara a cara con un hombre armado. Los dos judíos, en acto de sumisión e inocencia, levantaron ambas manos por encima de sus cabezas y tras ser cacheados se les empujó al piso de abajo.

Al entrar en el cuarto de los padres de Peter, se encontraron al señor y la señora Van Pels, no dijeron nada, con mirarse todos comprendieron la trágica situación. Los cuatro fueron empujados nuevamente hasta el piso inferior donde, en la habitación de los Frank, se agrupaban silenciosamente y con las manos en alto el resto de los habitantes de la *Casa de atrás*. Silberbauer se apoderó entonces de los escasos objetos de valor que encontró en el escondite, tales como, algunas joyas con mayor valor sentimental que material, unos billetes, algún objeto de plata y un candelabro de latón con sus siete brazos. Acto seguido, y tras asegurarse de que no había ningún arma en el edificio, concedió a los aturdidos judíos cinco minutos para que se hicieran con algunas prendas de primera necesidad. El caos reinaba en el edificio; cada uno fue hasta su habitación y comenzaron a tomar, sin pensar con claridad, aquello que se encontraba más cerca de su alcance. El único consuelo que podía quedarles era su *bolsa de emergencia,* un paquete que todos tenían preparado previendo que quizá una catástrofe de la magnitud de un bombardeo o un incendio podría empujarles a huir súbitamente; pero lógicamente jamás vislumbraron que llegaría el momento de usarla y menos todavía por aquella causa, por todos imaginada pero siempre rechazada por su subconsciente.

En ese escaso lapso de tiempo que les fue concedido, Silberbauer examinó el anexo y pudo apreciar el mapa que narraba en silencio el avance aliado por medio de unos estratégicos alfileres rojos en él clavados, también observó unas marcas realizadas en la pared; y cuando preguntó a qué se debían se quedó asombrado, puesto que aquellas pintadas no eran más que un fiel testigo del desarrollo de la más pequeña de los judíos durante aquellos dos años; el nazi no acababa de creerse que realmente aquellos hombres hubieran estado aislados tanto tiempo pero cuando realmente se quedó impresionado fue al conocer que Otto había sido teniente del ejército alemán durante la Gran Guerra.

El recién conocido dato hizo saltar a Silberbauer, quien indignado le comunicó al señor Frank que, de haber estado al corriente de tal situación, le habrían enviado a Theresientadt para ser tratado de acuerdo con sus méritos pasados y no como a un simple y despreciable judío. Como la categoría militar de Otto era un asunto inesperado pero relevante, permitió a los judíos que se tomasen todo el tiempo que considerasen necesario para aprovisionarse.

Mientras Silberbauer prorrogaba los cinco minutos iniciales, bajó la escalera que le comunicaba con el edificio principal y se presentó nuevamente en el despacho de Bep, desde donde agarró un teléfono e hizo una llamada para pedir un coche; finalizada la petición se postró delante de Miep y le pidió los papeles, Miep sin dudarlo le presentó su tarjeta de identidad, todo estaba correcto, pero Silberbauer no se conformó con ojear en silencio los papeles sino que la acusó de traidora y recogiendo las llaves que Kugler acababa de entregarla salió de la habitación.

En el anexo todos estaban listos, resignados habían guardado lo que consideraron que podía serles útil y sólo les quedaba esperar a su destino, al que comenzaron a enfrentarse en el mismo instante en el que iniciaron uno a uno y en rigurosa fila el descenso por las angostas escaleras que les comunicaban con el edificio principal, una vez que todos se agruparon en el descansillo, uno de los policías cerró la librería y con ella una parte importantísima de su vida quedó tras de sí, todos se arrancaron en una pesadumbrosa marcha hacia la calle, ante ellos, también arrestados caminaban Kleiman y Kugler.

Ya en el exterior una camioneta de la policía sin ventanillas les estaba esperando estacionada junto a la puerta, subieron sumisos y cuando estuvieron acomodados unos contra otros las puertas se cerraron, la oscuridad y el silencio reinó en el vehículo, y el ruido del motor les indicó que el viaje hacia lo desconocido había comenzado.

Una vez que los judíos desaparecieron montados en aquella opaca furgoneta de policía Bep y Miep se apresuraron a subir al anexo para comprobar cómo había quedado todo; la imagen era desoladora, todo estaba revuelto y esparcido por el suelo; las chicas se inclinaron y comenzaron a rescatar de aquella desoladora estampa algún objeto personal de sus amigos; pronto se percataron de la presencia del diario de Ana compuesto por varios cuadernos y hojas sueltas; con especial cariño fueron recopilando todos los escritos que encontraron con su letra así como algún álbum fotográfico, y cuando concluyeron lo depositaron en un cajón donde aguardaría hasta el retorno de su dueña.

Van Maaren, el hombre del almacén que vio salir a los judíos detenidos, también subió al anexo y movido únicamente por la codicia se llevó cuanto pudo del señor Hermann van Pels.

Miep hubo de hacerse cargo del negocio y, aconsejada por uno de los representantes del mismo, trató sin éxito de sobornar a la Gestapo.

La furgoneta que había partido del 263 de Prinsengracht se detuvo en el sur de la ciudad delante del cuartel general de la Gestapo, más concretamente en Euterpestraat, en lo que antes era una escuela. Todos fueron encarcelados en la misma celda y ese instante fue el que aprovechó Otto para mostrar su gran pesar a Kugler y Kleiman, quienes no mostraron en ningún momento señal alguna de debilidad, sino que por el contrario, se ratificaron en la idea de haber actuado libremente y con pleno conocimiento de las duras consecuencias que ahora habrían de asumir. Pero pronto, ambos hombres serían separados de aquella celda común y transportados a otras en el sótano; aquella misma tarde les conducirían a la prisión de Amstelveesweg en Ámsterdam donde no compartirían el mismo habitáculo, sino que les dispondrían en estrechas y angostas celdas contiguas junto con otros seis prisioneros más. Allí permanecerían un mes. Kugler estuvo realizando trabajos fuera de prisión en una fábrica desde el segundo día de ser arrestados; su tarea consistía en desmontar máquinas que eran enviadas a Alemania. Ya el 11 de septiembre fue enviado en compañía de Kleiman al campo de

Amersfoort. Ambos se albergaban en una pequeña cabaña y dormían muy pegados en una estrecha litera, juntos sobrellevaron ese duro castigo donde les pegaban, vejaban y les hacían trabajar ininterrumpidamente, pero Kleiman terminó cayendo muy enfermo, los problemas de salud que apuntaba desde un principio se agravaron y una hemorragia gástrica le apartó del duro trabajo hasta que algún tiempo después fue soltado, libertad que aprovechó para marcharse a Ámsterdam y descansar, a los dos meses volvió a reencontrarse con los trabajadores de Prinsengracht que le recibieron como a un héroe. Kleiman acabaría muriendo en Ámsterdam en 1959.

Por su parte, Kugler no pudo salir de Amersfoort, y ya a finales de septiembre junto con 1.100 hombres más se le trasladó hasta Zwolle con el fin de obligarles a realizar duros trabajos como cavar fosas antitanque bajo el estricto control alemán.

El tiempo avanzaba lentamente y ya en diciembre de 1944 Kugler fue trasladado nuevamente, en esta ocasión al pueblo de Wageningen donde trabajó como electricista primero y como traductor después; en este último trabajo debía llevar mensajes a una organización que el ejército alemán tenía empleada para que le cavasen trincheras y realizaran otras muchas labores referentes a la guerra. Esta tarea acabó por dotar a Kugler de una bicicleta, unos papeles de identidad y una cinta de color verde con la que podía atravesar sin problemas los pueblos que habían sido evacuados. Este hombre siguió ayudando a cuantos pudo desde su tímida situación privilegiada y por ello se traía a varias personas de los campos para que le ayudasen en la oficina, y como el comandante apenas hacía acto de presencia por allí, daba a aquellos hombres papeles de identificación y algo de dinero. En esta situación estuvo hasta febrero cuando se enteró de que debía ir, junto con otros seiscientos hombres, a trabajar a Alemania pero cuando en el pueblo de Zevenaar, cerca de la frontera con Alemania, fueron bombardeados por los Spitfires británicos, Kugler aprovechó la confusión para escapar y volver a ser libre. En 1955 emigraría a Canadá muriendo en Toronto en 1989.

Los ocho judíos, al margen de los destinos de Kugler y Kleiman, hicieron noche en aquel cuartel de la Gestapo para ser trasladados al Huis van Bewaring en la Weteringschans al día siguiente, donde habrían de pasar dos días. Aquello fue verdaderamente horrible, pero todavía habrían de sufrir mucho más. Si en algún momento Ana confesó que desearía haber muerto antes que tener que vivir encerrada y llena de angustia en la *Casa de atrás* ahora, ciertamente, viendo el dolor masivo, el anexo se la presentaba como un verdadero hogar. En aquel infierno miles de personas se agolpaban en un reducido espacio, no había retretes, tan sólo unos cubos sucios en los rincones donde no cabía espacio para el pudor. Pero el dolor estaba muy lejos de terminar en aquel terrorífico recinto, ya que, finalizados los dos días, fueron montados en un tren y trasladados a Westerbork, desde donde los condujeron a un campo de concentración holandés en la provincia de Drenthe.

Westerbork, que en un primer momento era un campo que albergaba a los judíos alemanes, contaba con 107 barracones construidos en madera y diseñados para poder albergar a unas 300 personas cada uno. Aquel campo de refugiados suponía una privación brutal del derecho humano a la libertad pero, con todo, la larga vida para la que fue pensado le dotó de un amplio equipamiento por lo que contaba con escuelas, talleres, lavanderías y un largo etcétera. Toda persona que fuera enviada a dicho lugar debía registrarse en la Sección de Administración allí instalada y, automáticamente, sus datos eran almacenados en el Registro Central que, además, se encargaba de hacer semanalmente la lista de los deportados. Por otro lado, el campo también contaba con la OD, nombre utilizado para referirse a un cuerpo de los Servicios Especiales, el cual tenía como principal objetivo intimidar a los deportados y revisar los barracones destinados a los castigos. Westerbork se encontraba bajo potestad judía.

Tras haber finalizado las obras de la línea férrea en noviembre de 1942, los trenes comenzaron a llegar hasta el centro del lugar desde donde cada martes partían a su trágico y cruel destino las personas seleccionadas. Todos los judíos del anexo fueron conducidos a Westerbork, y allí, como el resto de los judíos prisioneros, hubieron de adecuarse a las normas y a las duras condiciones reinantes pero no sin antes haber pasado por los distintos mostradores para proceder a su identificación.

La rutina era verdaderamente un calvario, sobre todo en un primer momento, ya que desde que salieron del anexo hasta que fueron conducidos hasta ese lugar apenas tuvieron tiempo para prepararse psicológicamente, sino que el enfrentamiento con la realidad fue súbito y fortísimo; pero, al menos, la familia permanecía unida. Al llegar hubieron de desnudarse y arrodillarse para ser registrados en un barracón destinado a la cuarentena y, acto seguido, tras ser identificados como judíos convictos, hubieron de instalarse en el barracón de castigo. Se les entregaron monos y zuecos y su comida era, si cabe, bastante más frugal que la del resto de los judíos que permanecían en Westerbork, con el agravante añadido de que se les había prohibido asearse al tiempo que estaban obligados a realizar un trabajo inhumano y excesivo.

Allí, los Frank, al menos, tenían la distracción de charlar, cuando se lo permitían, con otros judíos que corrían la misma suerte que ellos, y de este modo conocieron a Rosa y Manuel de Winter que estaban allí con su hija Judy, de la misma edad que Ana, o el joven matrimonio compuesto por Sal y Rose de Liema, personas con las que compartían su sufrimiento y que eran un gran apoyo en aquellos duros momentos. Todos los días a las cinco de la mañana se realizaba un recuento de los judíos, e inmediatamente comenzaban los trabajos; de un lado, a los niños se les destinaba al taller de los cables y, del otro, a los adultos al departamento industrial; a cambio de tales tareas, los trabajadores recibían para su sustento un mendrugo de pan duro y una cucharada de sopa que no se distinguía en demasía de un poco de agua sucia.

No existen ya testimonios directos de la joven Ana, por lo que únicamente podemos saber cómo debió sentirse a través de los testimonios de las personas que entablaron contacto con ella, y de lo que se deduce que, pese al duro trance, Ana no estaba aparentemente triste ya que, al no ser un campo de concentración, tanto ella como su familia pensaban que aguantarían allí hasta la liberación. En aquel lugar, Ana padeció alguna enfermedad sin importancia, nada que ver con lo que habría de padecer después, en un futuro que no tardaría demasiado en serles revelado, ya que el 3 de septiembre de 1944, el comandante de Westerbork convocó a los líderes de las diferentes secciones y les encomendó que redactasen una lista con 1.000 nombres para que las personas allí reflejadas fueran deportadas a los campos de concentración del Este. Desgraciadamente los ocho judíos estaban incluidos en ellas; la noticia les llegó a manos de un hombre de la OD que junto con un oficial alemán entró en los barracones de castigo y leyó la fatídica lista. Los hasta ahora supervivientes del anexo iban a ser deportados a un campo de concentración.

Mientras los judíos permanecían en Westerbork, varios agentes alemanes regresaron al anexo y arrasaron el mobiliario; todo lo que consiguieron recabar lo enviaron a Alemania; todavía quedaban por allí algunas hojas sueltas del diario de Ana. Miep, que seguía trabajando diariamente en la oficina, no se resignaba a afrontar la detención de sus amigos pero escenas como la limpieza de la *Casa de atrás* por parte de los nazis no la ayudaban a mitigar su dolor; por ello, le pidió a Van Maaren que volviera al escondite y recuperase los arrugados apuntes del diario que aún permanecían esparcidos por las lóbregas y tristes habitaciones.

En la oficina Miep firmaba los cheques, autorizada por Kleiman y Kugler, con los que pagar al personal y Van Maaren, crecido por su nuevo puesto como administrador, regía él sólo el almacén.

En Holanda, los alemanes habían recortado el racionamiento al tiempo que habían endurecido el toque de queda ante el temor de la irrupción de los Aliados en el país, ya que a principios de septiembre Lyon y poco después Amberes habían caído en manos aliadas, pero por desgracia para nuestros judíos la salvación estaba todavía lejana.

1.019 personas de las cuales 498 eran mujeres, 442 hombres y 79 niños componían la lista con los nombres de los judíos destinados a los campos de concentración. Los ocho judíos compartían el mismo vagón cuyo espacio era completado por una gran multitud de gente asustada y exhausta; todos llevaban una pequeña bolsa con sus pertenencias, las cuales les serían pronto arrebatadas. Eran como animales conducidos hacia el matadero, sin ver la luz y respirando un aire contaminado por el mal olor fruto de las distintas enfermedades estomacales de los viajeros que, sin poder contenerse, salían de su cuerpo en forma de vómitos y diarrea. Muchos enfermos perecieron en ese viaje hacia el infierno.

Nada se les había comunicado a los judíos sobre su destino, aunque las condiciones en las que viajaban les hacían presumir un futuro poco halagüeño. En cada parada las puertas de los vagones se abrían y les lanzaban un saco de mermelada de remolacha y trozos de pan duro por los que habían de pelearse. Aquella estampa era verdaderamente horrible, apiñados en vagones de ganado, sin ventanas, respirando un ambiente cargado y putrefacto, sin poder dormir, helados de frío y con un cubo mugriento haciendo la labor de retrete. El viaje duraría tres días, y Otto jamás podría olvidarlo, no sólo por su dureza sino porque sería la última vez que vería a su familia.

El final

Desgraciadamente la mayoría de los temores de los judíos que iban en los vagones de aquel tren eran ciertos, se dirigían a un campo de concentración y, en concreto, al que más muertes había contabilizado: el campo de concentración de Auschwitz.

Cuando las puertas del tren se abrieron, unos fuertes gritos obligaron a las confusas personas a situarse: *¡Mujeres a la izquierda!*, *¡Hombres a la derecha!* Inmediatamente entre los oficiales de las SS y los Kapos, o prisioneros jefes, se distinguió la figura del doctor Josef Ménguele, más conocido con el apodo del *Ángel de la muerte*. En el mismo andén se ordenó a los dos grupos de sexos opuestos que se dispusiesen en filas de cinco y allí mismo, con un simple movimiento de la mano de Ménguele, se decidió quiénes entrarían al campo. La imagen más cruenta se produjo a raíz de una voz proveniente de un altavoz que invitaba a los niños, ancianos y viejos, dada la gran distancia que separaba las vías del campo de concentración, a que se subieran en unos camiones pintados con el símbolo de la Cruz Roja para ser transportados sin esfuerzo, pero lógicamente en aquel lugar la piedad no tenía cabida y los camiones iban directos a las cámaras de gas.

Una vez que las mujeres se adentraron en el campo fueron conducidas hasta un barracón donde se las obligó a desnudarse y a permanecer bajo los chorros de agua mientras sus ropas eran confiscadas y, en su lugar, se las proporcionaba para que cubriesen sus desnudos y esqueléticos cuerpos un vestido de tela de saco con una cruz en la espalda que las marcaba con el distintivo de recién llegadas y unos zapatos; el pelo de la cabeza, los sobacos y la zona púbica se las afeitaba y una vez realizada esta primera fase de higiene se procedía a su identificación y se las tatuaba el antebrazo; quedaban pues marcadas y registradas. Acto seguido se las asignaban diferentes barracones; Ana, Margot, Edith, Rosa y Judy fueron conducidas al bloque 29. En una de las anotaciones recogidas en el libro de Carol Ann Lee, provenientes de *Antón Gill, The Journey Back From Hell: Conversations with Concentration Camp Survivors (Londres: Grafton Books, 1988, p. 35)*, puede leerse la siguiente e impresionante descripción:

> *Un barracón normal consistía en una gran cabaña llamada bloque, que medía 44,20 por 8,50 metros. Había un lavabo primitivo y un retrete, así como una habitación privada para el* Blockälteste *(líder del bloque). Las literas (koje) estaban colocadas de tres en tres, sin espacio suficiente entre ellas para que unas personas pudiesen sentarse. Estaban hechas de madera basta... cubiertas con colchones de paja o paja suelta. En cada camastro había normalmente dos mantas. Las mantas y los colchones de paja estaban asquerosos... Además las heces y la orina solían gotear entre las literas por los prisioneros que sufrían de hambre, diarrea y poliuria... Los que no conseguían lugar en una litera se veían obligados a dormir debajo; y la tierra del suelo era un charco de excrementos.*

Otto Frank, Fritz Pfeffer y Peter van Pels también fueron admitidos en el campo; en cambio, el padre de Peter no corrió la misma suerte que sus compañeros, Hermann, junto con unas quinientas personas más provenientes de Westerbork, fue retenido en el andén y conducido hasta una habitación rectangular iluminada artificialmente, allí hombres, mujeres y niños fueron obligados a desvestirse y tras doblar sus ropas a petición de los kapos los condujeron a una habitación con duchas que salían del techo; cuando todos estuvieron allí, las puertas se cerraron, lo siguiente que se oyó fueron unos estremecedores gritos. 549 personas murieron aquella noche en las cámaras de gas sin ni siquiera tener la oportunidad de intentar sobrevivir en el campo de concentración de Auschwitz; aquel exterminio en la cámara de gas fue el último de Auschwitz-Birkenau; Hermann van Pels moriría pues a consecuencia del gas el 6 de septiembre de 1944. Pero ni siquiera muertos la tortura había terminado ya que al abrirse las puertas, los cuerpos revueltos entre orina, vómitos y sangre eran rastreados uno a uno en busca de algún objeto de valor anillos, dientes de oro... terminado este despiadado e inhumano ritual, los cuerpos se quemaban en los gigantescos crematorios pensados para poder incinerar unos 6.500 cuerpos cada hora.

Los días en aquel campo de concentración eran insoportables; cada día a las tres y media de la madrugada los judíos eran despertados a golpe de silbato y se procedía a su recuento, para lo cual debían agruparse en filas de cinco y aguardar así a la intemperie unos cuarenta minutos, aunque esto no era mucho en comparación con las horas que solían durar los recuentos nocturnos; finalizados ambos, los muertos se lanzaban a unos camiones para ser evacuados; como desayuno no recibían más que un asqueroso y escaso líquido parduzco, único sustento para soportar la gran distancia que les separaba de su lugar de trabajo y las duras tareas que se les encomendaban. A las doce y media tenía lugar la segunda comida del día, una frugal e igualmente repugnante sopa que debían ingerir en su media hora de descanso y seguidamente continuar con otras seis horas de intenso trabajo. Finalizada la jornada volvían al campo y, tras cenar un rebanada de pan con margarina partían hacia sus barracones en busca de paz y descanso.

Al poco tiempo de estar allí, en concreto a finales de octubre, se les presentó una oportunidad para vivir algo mejor, una puerta que abría un camino a la esperanza; en el bloque donde se encontraban Ana, Margot y Edith iba a hacerse una selección para que varias mujeres fueran conducidas a una fábrica de municiones en Checoslovaquia y pudieran así salir de aquel infierno; pero desgraciadamente las mujeres de la familia Frank no pudieron acceder a tal selección ya que Ana había cogido sarna y su familia se negaba a dejarla sola. Esta enfermedad obligó a Ana a instalarse en el barracón donde se albergaba a las personas con dicha enfermedad, la cual acabó también contrayendo Margot al no querer separarse de su hermana menor y dejarla sola en aquel barracón repleto de enfermos. Edith, mientras sus hijas permanecían aisladas, se desvivía por conseguirles algo de alimento para pasárselo clandestinamente pero era francamente difícil; en más de una ocasión guardó su ración y se la entregó a sus hijas deseando que se recuperasen y volvieran a su lado. Había que estar unidos; sin un apoyo las ganas de vivir se esfumaban.

Por su parte los hombres sobrevivían como podían en el campo donde se albergaba a los de su sexo. Hasta que a finales de octubre se hizo una selección en sus barracones, todos los ocupantes del anexo se quedaron en Auschwitz salvo Pfeffer, que fue transportado al campo de Sachsenhausen y de allí al de Neuengamme, donde debió morir el 20 de diciembre de 1944.

Un día después de la selección realizada a los hombres, el 30 de octubre, se hizo una selección en el campo de mujeres, fue allí donde Edith fue separada de sus dos hijas. Ana y Margot habían sido seleccionadas junto con otras 634 mujeres más para ser trasladadas al campo de concentración de Bergen-Belsen. El viaje en tren duró cuatro días; viajaron nuevamente en condiciones infrahumanas, muertas de frío y portando como único equipaje algo de ropa vieja y zapatos usados, una manta roída, un cuarto de barra de pan, un pequeño trozo de margarina y unos gramos de salchichas; alimentos que hubieron de administrarse como buenamente pudieron. A Bergen-Belsen se llevaron enfermos de otros campos para acabar con la mayoría de los judíos allí deportados, ya que no sólo las condiciones higiénicas y alimenticias eran precarias sino que además no había posibilidad alguna de obtener medicinas.

Aquel campo era todavía peor que el de Auschwitz, tenía 30 kilómetros cuadrados repartidos en varios subcampos. La mujeres dormían en el suelo acostadas sobre trozos de paja junto con otras doscientas personas, muchas mujeres murieron allí entre orina y excrementos, lo que complicaba aún más las posibilidades de supervivencia del resto de las famélicas mujeres. Ana y Margot debían haber ido a trabajar fuera del campo, pero se encontraban tan débiles que hubieron de permanecer trabajando en el cobertizo de los zapatos, allí su tarea consistía en separar a mano la suela de cuero y amontonar en un lado las piezas reutilizables, trabajo que acababa destrozándoles las manos. Ana tuvo que dejar también este trabajo pero sobrevivía robando algo de comida a los nazis en la cocina, tarea que realizaba junto a su amiga Lientje, cuya hermana, Jenny, seguía trabajando junto a Margot.

184

Ya a finales de noviembre, Ana recibió una grata sorpresa, Auguste van Pels fue enviada a Bergen-Belsen, jamás pensaría que se alegraría tanto de verla pero en aquellas circunstancias una cara amiga era algo verdaderamente importante; hacía dos meses que no la veían y perder de vista a una persona tanto tiempo en aquellos tiempos podía significar que quizá hubiera muerto. En el campo todas las mujeres se vinculaban a un grupo más o menos reducido y trataban de ayudarse para no desfallecer, la amistad era muy importante, sobre todo en los momentos más duros cuando uno ya no tenía ganas de seguir luchando. Una vivencia francamente límite fue la que hubieron de padecer a principios de diciembre de 1944 cuando Josef Kramer fue nombrado comandante de Belsen, este hombre despiadado incrementó los trabajos y redujo la comida al tiempo que introdujo a los Kapos propios del campo de Auschwitz de donde venía, pero aún así Ana y sus amigas trataron de buscar algo positivo en todo aquello, una mínima esperanza o ilusión que las impulsara a luchar por sobrevivir, fue por ello por lo que se reunieron para celebrar la Navidad y la Januká dándose un pequeño festín con trozos de pan duro y otros alimentos igualmente miserables que habían ido guardando. Aquel fue un verdadero invierno de hambre que acabó con la muerte de miles de personas en todo el país aparte de la masacre que tuvo lugar en los campos de concentración; 22.000 personas murieron aquel invierno.

Edith Frank que permanecía sola en el campo de concentración de Auschwitz, ignorando la suerte que habían corrido sus hijas y esposo, acabó por ser contagiada de las enfermedades más comunes en el campo, tifus y difteria y murió sola el 6 de enero de 1945; quizá si hubiera tenido algún motivo por el que luchar se habría aferrado a la vida pero apartada de todos sus seres queridos el cansancio se hizo presa de ella y se dejó arrastrar lejos de aquella miseria y sufrimiento, cuando las cámaras de gas y los crematorios acababan de ser eliminados como intento de ocultar la más clara prueba de aquel terrible Holocausto. Únicamente quedó en pie el crematorio al que iban destinados los cuerpos que sucumbían en el recinto destinado al hospital. Todas las pruebas del delito trataron de eliminarse antes de la huída de las SS a principios de 1945.

Con respecto a Otto Frank que también permanecía en Auschwitz junto con otros 32.000 prisioneros, habría que comentar su débil y deteriorado estado de salud a causa de las palizas, propinadas por los guardias encargados de vigilarle mientras debía pelar patatas, así como por los grandes esfuerzos físicos que requería el trabajo a la intemperie en las carreteras, todos estos hechos le habían llevado a permanecer en el hospital desde noviembre aquejado de desnutrición y diarrea. Por su parte Peter que continuaba manteniendo contacto con Otto poseía un prometedor estado de salud a lo que había contribuido su trabajo en el departamento postal, menos duro que el de Otto y donde en ciertas ocasiones había obtenido doble ración de alimentos. El muchacho que frecuentemente realizó visitas al señor Frank fue instado por éste a permanecer oculto en el hospital hasta la llegada de los rusos en vez de marchar con las miles de personas que eran evacuadas del campo. Pero Peter, por temor a ser descubierto, nunca quiso seguir los consejos de Otto y salió de Auschwitz el 16 de enero arropado por miles de prisioneros y custodiados por guardias armados; se dirigían a otros campos alemanes: Belsen, Dacha, Sanchsenhausen, Buchenwald o Ravensbrück eran sus destinos. Estas marchas masivas estaban llenas de peligros ya que los judíos en varias ocasiones fueron confundidos por el ejército ruso que creyó toparse con alemanes y abrió sin miramientos fuego a discreción, pero en caso de sobrevivir a este peligro, otros como el hambre, el frío o el cansancio eran más difíciles de superar y, en definitiva, llegar con vida a los destinos prefijados era una misión harto complicada. Peter consiguió llegar al campo de Mauthausen pero murió a principios de mayo de 1945 sólo tres días antes de que el campo fuera liberado; quizá, si se hubiera quedado con Otto habría sobrevivido tal y como le sucedió a él, ya que los rumores eran ciertos, los rusos entraron en el campo de Auschwitz y liberaron a los prisioneros, les dieron ropa de abrigo y comida. Afortunadamente Otto se fue recuperando y sobrevivió a la tragedia para contarlo aunque todavía no sabía la sorpresa que le depararía el futuro; tan sólo él lograría salir con vida de aquel trance, su familia y el resto de los habitantes del anexo perecerían en los campos de concentración. La noticia sobre la muerte de su mujer la recibiría en Katowice de la boca de un testigo directo, Rosa de Winter, sobre la muerte de sus hijas no recibió respuesta clara, pero el paso del tiempo le confirmó que no volvería a verlas nunca más.

En Bergen-Belsen, donde permanecían las hermanas Frank el espacio comenzaba a ser reestructurado, ya que sus paredes se disponían a albergar a las personas que habían sido evacuadas, como Peter, de otros campos, por lo que las penalidades aumentaron al instante no sólo en asuntos de higiene sino también de alimentación. En este período de tiempo Ana recibirá una de las últimas alegrías de su corta vida, volvería a entablar contacto con su amiga Lies.

Lies había ido a parar al campo de Bergen-Belsen después de permanecer unos tres meses en el campo de Westerbork, y estaba allí como judía de intercambio. Fue Lies la que supo que Ana estaba en aquel lugar y la que hizo todo lo posible para que el encuentro entre ambas pudiera llevarse a cabo. Cuando la muchacha se enteró de que acababan de llegar varios transportes procedentes de Auschwitz con judíos holandeses se apresuró a investigar si entre ellos había algún conocido; afortunadamente así era, y tras reconocer a la señora Van Pels, ésta le dijo que Ana estaba en el campo, el encuentro no se hizo esperar, Ana reconoció a su amiga a lo lejos, se habían reencontrado después de dos largos años de ausencia. A través de un alambre de espino conversaron unos instantes y se pusieron al corriente de sus vivencias, sus años de escondida en el anexo y su situación familiar; en ese instante Ana dio por cierto algo que no sabía con certeza; le dijo a su amiga que sus padres habían muerto en Auschwitz, lo cual suponía que ambas estaban totalmente solas. Lies, viendo el terrible estado en que estaba su amiga prometió facilitarla algún alimento de los que la Cruz Roja entregaba en su barracón, y así ambas se despidieron con la ilusión de volver a reencontrarse. A la noche siguiente volvieron a hablar; Lies, cumpliendo su promesa, había reunido algo de comida para Ana y unas prendas de abrigo, pero al lanzarle el paquete por encima de la verja alguien se lo arrebató al vuelo, Lies consternada volvió nuevamente la noche posterior y esta vez si consiguió que el cargamento llegara a su destinataria pero a partir de aquella noche ambas jóvenes perderían el contacto definitivamente.

Pronto Margot caería enferma, en un principio se la detectó un fuerte ataque de disentería, y fue trasladada al bloque de los enfermos, donde Ana también se instaló para poder cuidarla, hasta allí se acercaban periódicamente dos de las amigas que habían hecho en el campo, Jenny y Lientje, para llevarlas algo de comida y en reiteradas ocasiones les advirtieron de lo peligroso que era permanecer allí, puesto que su debilidad les hacía vulnerables a otras enfermedades realmente graves como el tifus; pero las dos hermanas, cansadas de luchar prefirieron permanecer allí, ya que al menos estaban algo más calientes y únicamente había dos personas por litera. Además las advertencias ya llegaban tarde para Margot, que permanecía delirando la mayor parte del tiempo a causa de unas fiebres muy altas, Ana también contraería el tifus.

El 6 de febrero Auguste van Pels fue trasladada junto con otros prisioneros de Bergen-Belsen a Buchenwald y desde allí debió de ser trasladada a Theresienstadt a principios de abril; su trayectoria no está del todo clara; lo único que puede decirse en torno a su final es que debió morir en torno a principios de mayo de 1945 en Alemania o Checoslovaquia.

Belsen era un infierno, la muerte se hacía patente en cada rincón, Margot falleció a finales de marzo de 1945, su hermana Ana lo haría tan solo unos días después, y moriría sin saber que su padre, la persona más importante en su vida, la estaba buscando frenéticamente; tal vez, si Ana hubiera sabido que su padre estaba vivo habría luchado por vivir, pero con la muerte de su hermana sus esperanzas se desvanecieron, sólo quería dormir, ya nada tenía sentido. Ana Frank moriría sola a finales de marzo de 1945 en el campo de concentración de Bergen-Belsen. Cuatro de las chicas que compartieron con ellas la dura experiencia fueron en busca de sus cuerpos yertos; las muchachas recubrieron los esqueléticos cuerpos de las dos hermanas con una manta y los lanzaron a una fosa común, fue lo único que se pudo hacer por ellas; impedir que sus cuerpos se descompusieran en cualquier esquina agolpados sin pudor y sin cariño.

Aproximadamente tres semanas después de su muerte, las tropas británicas entrarían en Belsen y lo libertarían, aquellas tropas jamás pudieron imaginar que sus ojos verían tanta destrucción y miseria, miles de cuerpos, unos diez mil cadáveres se agolpaban por todas partes pudriéndose al sol debido a la saturación de la incineradora. Finalmente se obligó a que las SS enterrasen aquellos cuerpos, y así bajo toneladas de arena se enterró a la más destructiva epidemia de tifus jamás conocida. El campo comenzó a evacuarse el 24 de abril, cuando todo estuvo listo, aquel recinto de horror y muerte fue incendiado, de esta forma se cerraba uno de los capítulos más sangrientos y crueles de toda la Historia.

El final de aquel infierno había llegado pero los terribles años vividos permanecerían para siempre en la memoria de toda la Humanidad. Holanda, en el mes de abril, ya contaba con la liberación de la mayor parte de sus provincias del norte, y el 4 de mayo se celebró oficialmente su liberación; por aquel entonces Hitler acababa de suicidarse en su búnker de Berlín junto a su nueva esposa Eva Braun.

Tras ser liberado de Auschwitz Otto volvió a Ámsterdam y se instaló en casa de Jan y Miep Gies en un intento de recuperar su vida por el mismo lugar por el que había sido cortada. Con este propósito, el señor Frank continuó ejerciendo su puesto de director general en Prinsengracht donde pronto Van Maaren, aquel hombre del almacén tan poco fiable fue despedido tras descubrir su implicación en el robo de varios productos. Pectacon y Gies & Co. continuaron funcionando con normalidad frente a Opekta que hubo de enfrentarse a ciertos problemas legales en relación con el origen alemán de Otto.

A 12 de junio, fecha del decimosexto cumpleaños de Ana, Otto seguía ignorando el paradero de sus hijas, aunque continuaba buscándolas frenéticamente. Tan sólo un mes más tarde Otto conocería la cruda realidad; la declaración vendría de una muchacha que conoció y vio morir a las hermanas Frank, Jenny Brilleslijper. Una vez que todos estuvieron al corriente del trágico desenlace, Miep, que hasta entonces no había comentado nada del diario, lo sacó del cajón donde permanecía oculto a la espera de su dueña y se lo entregó al señor Frank, quién lo recibió con una amarga alegría.

El 9 de agosto con la caída en Nagasaki de la segunda bomba atómica por parte de los americanos la guerra se dio definitivamente por terminada; los japoneses capitularían el 2 de septiembre de 1945 y aquello supondría el final.

El padre de Ana luchó para que la memoria de su hija no encontrara fronteras, y así a la exitosa publicación de su diario, no sin dificultades, le siguió una obra teatral y una película. El nombre de Ana Frank se hizo tan conocido que el propio Papa recibiría a Otto en El Vaticano y, por su parte, el presidente de los Estados Unidos, John

F. Kennedy, alabaría a la joven sin mesura. A partir de aquel momento muchos edificios públicos se erigieron con su nombre, y centenares de estatuas y placas conmemorativas se confeccionaron en su memoria. En poco tiempo el anexo acabó por convertirse en uno de los sitios más visitados de toda Holanda, y hasta Israel se trasladó un esqueje del castaño que Ana miraba desde el escondite y que simbolizaba la libertad, la paz y la armonía. En 1955 el negocio de Otto se vendió y en 1960 se inauguró *la Casa de Ana Frank*. El 4 de mayo el anexo se abrió como museo y la escuela Montessori de Niestraat, donde estudió la joven, llevaría su nombre a partir de junio de 1957.

El gran difusor del legado de Ana Frank, Otto Frank, moriría aquejado de un cáncer el 19 de agosto de 1980 en su casa de Basilea, pero ya todo el camino había sido recorrido; Otto cedería en su testamento los escritos de su hija al gobierno holandés, asegurándose de que las memorias de la joven quedasen debidamente custodiadas tras su amplísima y apreciada difusión.

Ana Frank había llegado a ser más que una simple víctima de las atrocidades perpetradas a los judíos durante la Segunda Guerra Mundial, se había convertido en la víctima, la representante del sufrimiento humano colectivo.

BIBLIOGRAFÍA

CAÑABATE PÉREZ, Antonio; CARMONA PORTILLO, Antonio; DE MATEO AVILÉS, Elías: *Historia del mundo contemporáneo*. Ed. Bruño, Madrid. S.D.

FRANK, Ana: *Cuentos*. Traducción de Juan Cornudella y Ana M.ª de la Fuente. Ed. Plaza & Janés, Barcelona, 1989.

LEE, Carol Ann: *Biografía de Ana Frank 1929-1945*. Traducción de Mónica Rubio. Plaza & Janés, Barcelona, 2001.

MOELLES, Charles: *Littérature du XX siècle et Christianisme*. Casterman, París et Tournai, 1958. Versión española de GARCÍA YEBRA, Valentín: «Literatura del siglo XX y Cristianismo. La esperanza en Dios nuestro padre». Tomo II. Ed. Gredos, Madrid, 1964.

NILUS, Serge: *Los protocolos de los sabios de Sion*, Barcelona. S.D.

Atlas ilustrado de la Segunda Guerra Mundial. Ed. Susaeta, Madrid. S.D.

El diario de Ana Frank. Editores mexicanos unidos. Colección literaria universal. Venezuela, 1981.

El diario de Ana Frank. Ed. de Otto H. Frank y Mirjam Pressler. Traducción de Diego Puls. Círculo de Lectores, Ámsterdam-Barcelona, 1992.

El diario de Ana Frank. Ed. Condor, Montevideo. S.D.